KB200050

신의 언어

신의 언어

지은이 | 이상준
초판 발행 | 2019. 3. 4.
13쇄 | 2025. 3. 14.
등록번호 | 제1988-000080호
등록된 곳 | 서울특별시 용산구 서빙고로65길 38
발행처 | 사단법인 두란노서원
영업부 | 2078-3333   FAX | 080-749-3705
출판부 | 2078-3331

책값은 뒤표지에 있습니다.
ISBN 978-89-531-3426-3 03230

독자의 의견을 기다립니다.
tpress@duranno.com   www.duranno.com

두란노서원은 바울 사도가 3차 전도여행 때 에베소에서 성령 받은 제자들을 따로 세워 하나님의 말씀으로 양육하던 장소입니다. 사도행전 19장 8-20절의 정신에 따라 첫째 목회자를 돕는 사역과 평신도를 훈련시키는 사역, 둘째 세계선교(TIM)와 문서선교(단행본잡지) 사역, 셋째 예수문화 및 경배와 찬양 사역, 그리고 가정·상담 사역 등을 감당하고 있습니다. 1980년 12월 22일에 창립된 두란노서원은 주님 오실 때까지 이 사역들을 계속할 것입니다.

The Language
of God

신의
언어

신과 인간의
대화문의 출처

이상준
지음

두란노

목차

성경은 내게 가장 편안한 안식처와 같다. 가끔 놀러가는 휴양지가 아니라 매일 들어가 쉼을 얻는 보금자리다. 내 인생이 끝없이 방황할 때 길을 보여 주셨고, 죽음마저 묵상할 때 생명을 건져 주셨던 말씀이 여기에 있다.

나의 가장 사랑하는 책, 내 인생의 보물 목록 1호, 성경에 대한 책을 꼭 쓰고 싶었다. 성경에 대한 사랑의 노래를 부르고 싶었다. 이것이 이 책을 쓰게 된 출발점이다.

요사이 성경통독 바람이 불고 있다. 좋은 일이다. 성경은 구원을 주시는 하나님의 지혜이기 때문이다. 다만 성서 지식으로 끝나지 않고 하나님 지식 knowledge of God에 이르기를 소망한다. 성경이 하나님을 이야기하고 있기 때문이다.

우리는 다양한 관점을 갖고 성경을 읽는다. 하지만 관점을 갖고 성경을 읽을 것인가, 아니면 성경을 읽다가 관점을 얻을 것인가? 다양한 관점이 있지만 성경이 말하는 성경에 대한 관점이 열린다면 얼마나 좋을까. 성경에 관한 다양한 이야기들이 가능하지만 성경이 말하는 성경 이야기가 보인다면 얼마나 좋을까. 그것이 이 책《신의 언어》가 도움이 될 만한 지점이라고 생각한다.

시대적으로도 그렇다. 오늘날은 언어의 시대다. 다자간 소통의 기술이 첨단을 달리고 있다. 어느새 사회 관계망 서비스 SNS는 신인류의 보금자리가 되었고, 사물 인터넷의 상용화는 보다 더 안락한 미래를 약속하고 있다.

하지만 그 어느 때보다 언어의 존재감이 가벼워진 시대가 되었다. 사랑 노래는 넘쳐나는데 참사랑이 없는 것처럼, 언어의 진정성이 희박해져 가고 있다. 소위 '영혼 없는 말'의 시대가 되어 가고 있다. 그렇다면 모순적으로 언어의 시대에 언어의 종말을 예고하고 있는 것은 아닐까.

문화계에 복고 열풍이 불고 인문학에 고전 열풍이 부는 이유가 있다. 디지털 시대에 아날로그 감성을 찾는 심리적 이유가 있다. 사람들은 목말라하고 있다. 생생하게 '살아 있는 언어', 아니 그것을 가능케하는 '살아 있는 영혼'에 대한 갈망이다. 인류 문명이 초현대까지 달려온 끝에 회귀回歸를 원하다니 놀랍지 않은가?

사실 사람들은 과거로 돌아가고 싶은 것이 아니라 본질로 돌아가고 싶은 것이다. 추억 속에서 미화된 과거로 돌아간들 잃어버린 진정성을 회복할 길은 없다. 인간이 정말 돌아가고 싶은 지점은 시간의 좌표 위가 아니라 영혼의 좌표 위에 있다. 우리는 변하지 않는 본질로 돌아가고 싶다.

2017년 종교개혁 The Reformation 500주년에 "돌아가자!"

고 외쳤다. 2007년 평양대부흥운동 100주년에도 "돌아 가자!"고 외쳤다. 마르틴 루터의 95개조 반박문이 내세운 개혁의 운동성도 본질로 회귀하고픈 반발력이었다. 결국 인간이 돌아가고픈 원점은 '솔리 데오Soli Deo, 오직 하나 님'께로다. 인류가 세운 문명 세계인 '에덴의 동쪽'은 하 나님께로 돌아가야 한다. 빅 데이터에 의해 해석되는 인 생이 아니라 진리의 원전에 의해 해석되는 인생, 인공지 능에 의해 지배받는 인류가 아니라 인격적인 전능자에게 다스림을 받는 인류로 돌아가야 한다.

　　루터가 왜 "오직 성경으로"Sola Scriptura를 외쳤을까? 그 것은 신에게로 돌아가게 해 주는 "좁은 문"마 7:13이자 "소 망의 문"호 2:15이 바로 신의 언어이기 때문이다. 당신이 미로의 어느 지점에 서 있을지라도 하늘은 열려 있는 것 처럼, 당신이 성경을 펼쳐 읽는 그 자리 그 시간이 신의 현존이 열리는 지점이 된다.

　　예나 지금이나 뱀의 감언이설甘言利說은 똑같다. 미래 문명만 있으면 하나님을 배제하고도 유토피아를 이루어 줄 것처럼 말한다. 하지만 문명이 아닌 성경이 우리 영혼 을 구원할 것이다. 물론 세상 사람들은 어리석다고 할 것 이다. 하지만 우공이산愚公移山이다. 손가락질당하던 노 아의 방주가 구원의 방주가 되었다. 우리가 이 케케묵은 책에 그토록 집착하는 이유는 신의 언어에 구원의 알파와 오메가가 있기 때문이다 딤후 3:15.

이 책은 세 부분으로 구성되어 있다. 제1부 모놀로그 Monologue에서는 우리에게 말씀하시는 신의 언어, 제2부 다이얼로그 Dialogue에서는 우리와 소통하시는 신의 언어, 제3부 트라이얼로그 Trialogue에서는 우리로 하여금 세상을 향해 외치게 하시는 신의 언어에 대해서 다루었다.

제목을 '하나님의 말씀'이나 '성경말씀'이 아닌 '신의 언어'라고 쓴 이유가 있다. 하나님의 말씀이 너무나 익숙한 대상이 되어 버렸기 때문이다. 수십 년간 보고 들은 성경에 대해 더 이상 신비감이 없고 기대감이 없다. 그래서 우리가 잘 안다고 자처하는 성경에 대해서 객관화하고 타자화할 필요가 있다. 2천 년 전 하나님의 아들도 신앙의 주관화에 빠진 유대인들에게 자신을 "인자"라고 소개하셨다. 오늘날 우리는 성경을 구름 위에 떠 있는 언어로 과영성화 過靈性化 하거나 역사서나 윤리서로 탈영성화 脫靈性化 하는 우를 범한다. 그러나 성경은 신의 언어를 담은 인간의 언어요, 인간의 언어로 소통하신 신의 언어다.

이 책 《신의 언어》는 그냥 읽어도 읽히지만, 성경 구절들을 찾으며 읽으면 그 의미가 더 풍성해진다. 사실 이 책은 성경을 읽기 위한 작은 도구에 불과하다. 이 책이 성경을 가까이하는 데 보탬이 되는 보조 자료 및 참고 서적이 되기를 바란다.

《신의 언어》를 볼수록 성경을 사랑하게 되고 우리 안에 잃어버린 영혼의 언어가 회복되기를 바란다. 사실 성서를 향한 우리의 마음이 식었을 뿐이지, 신의 언어는 단 한순간도 우리를 향한 마음이 식은 적이 없기 때문이다. 당신을 이 기쁨의 여정에 초대하고 싶다.

끝으로 감사의 마음을 전하고 싶다. 어린 시절 내 인생이 깊은 절망 가운데 있을 때 햇빛과 단비처럼 임하여 주사 꿀보다 더 단 말씀으로 내 영혼을 채워 주신 하나님께 모든 감사를 올려 드린다. 그리고 늘 은혜와 진리의 울림터가 되어 주시는 온누리교회와 이재훈 담임목사님께 감사를 드린다. 또한 진리의 언어를 세상에 전하는 일에 헌신해 주시는 두란노에 감사드린다. 그리고 이 책이 나올 수 있도록 감수해 주신 장로회신학대학교대학원의 배정훈 교수에게 감사드린다. 마지막으로 이 사명 감당할 수 있도록 기도로 동행해 주는 아내와 두 아들 지성, 지훈에게 감사의 마음을 전한다.

2019년 봄을 기다리며 우면산 자락에서

이상준 목사

약어표

헬. = 헬라어
히. = 히브리어

성경 번역본

모든 성경 구절 인용은 기본적으로 《성경전서》(개역개정 4판)이다.
다른 번역을 인용했을 경우에는 다음과 같이 표시했다.

한글 = 개역한글
표준 = 표준새번역
공동 = 공동번역
우리말 = 우리말성경
현대인 = 현대인의성경
NIV = New International Version
KJV = King James Version
(이 표기는 저자의 것입니다.)

1

모놀로그
Monologue

초대

01
신의 초대

다 내게로 오라 마 11:28

성경은 신의 초대장이다. 당신과의 만남을 기대함이다. 초대는 당신의 참석을 요청하는 동시에 초대자의 참석을 전제한다. 당신이 그 자리에 가기만 한다면 그분도 그 자리에 계실 것이다. 이 얼마나 가슴 설레는 일인가. 초대招待는 당신을 초청招請하여 대접待接하려는 마음이다. 당신을 냉대하심이 아니라 선대하심이요, 하나님의 존귀한 자녀로 우대하심이다.

매일 만찬을 차려놓고 아들을 기다리는 어미의 심정으로, 마을 어귀까지 달려나와 돌아온 아들의 목을 안고 입을 맞추는 아비의 심정으로 눅 15:20 성경은 오늘도 당신을 애타게 부르고 있다 잠 8:1.

그야말로 성경은 창세기부터 요한계시록까지 "오라", "오라" 외치고 있다. 처음부터 끝까지 초대의 말씀 아닌 것이 없다. 창조의 동산으로 초대하심은 첫 만남을 기대하심이요 창 2:8, 회막으로 초대하심은 죄로 멀어진 자녀와 재회함을 기대하심이요 레 1:1, 성만찬으로 초대하심은 이 만남을 완성하기 원하심이요 요 6:56, 천상으로 초대하심은 이 만남을 영원토록 지속하기로 계획하심이다 계 22:17.

물론 책마다 각기 다른 장소로 초대하는 것 같지만 늘 그 자리에는 당신을 기다리는 동일한 분이 계신다. 성경은 그분의 초대하시는 음성으로 가득하다. 말씀의 동산으로, 말씀의 물가로 당신을 초대하시는 그분의 음성을 들으라.

성령과 신부가 말씀하시기를 **오라** 하시는도다 듣는 자도 **오라** 할 것이요 목마른 자도 **올 것이요** 또 원하는 자는 값없이 생명수를 받으라 하시더라 계 22:17

많은 백성이 가며 이르기를 **오라** 우리가 여호와의 산에 오르며 야곱의 하나님의 전에 이르자 그가 그의 길을 우리에게 가르치실 것이라 우리가 그 길로 행하리라 하리니 이는 율법이 시온에서부터 나올 것이요 여호와의 말씀이 예루살렘에서부터 나올 것임이니라 사 2:3

이제 더 이상 선악과를 먹으라는 뱀의 초대에 응하지

말라 창 3:1. 가서 다른 신들을 섬기자는 초대에도 응하지
말고 신 13장, 악한 생각을 불어넣는 악인의 초대에도 응하
지 말라 시 1:1. 그것은 초대가 아니라 유혹이고 덫이며 물
없는 구덩이에 빠뜨림이다 슥 9:11. 그 길을 가면 두려움이
광풍같이 임하고 재앙이 폭풍같이 이를 것이다 잠 1:27.

다만 성경으로 돌아가려고 해도, 이 책은 굳게 닫혀
있는 동산 창 3:24과 같지 아니한가. 이해하기도 어렵고 읽
기도 어려운 책이 되지 않았는가. 과연 그런가? 성경은 덮
여 있어도 열려 있는 책이다. 향은 담아만 두어도 향기롭
고 레 16:12 샘은 덮어 두어도 흘러넘치지 않는가 요 4:14.

사실 여기서 모든 것이 나왔다. 신의 언어로 만물과
인간이 창조되지 않았는가. "태초에 말씀이 계시니라 …
만물이 그로 말미암아 지은 바 되었으니 지은 것이 하나
도 그가 없이는 된 것이 없느니라" 요 1:1, 3. 역사도 구원도
모두 신의 언어에서 나오며, 심지어 인간의 모든 타락과
절망과 불안과 죽음과 심판에 대한 이야기들도 여과 없
이 성경에 나온다.

그러므로 신의 언어는 사방에서 울려와 당신에게 골
방에 들어가 성경을 펼치도록 부르신다. 세상의 사건 사
고들이 외치고, 피조 만물이 외치고, 무엇보다 내 양심 깊
은 곳에서 끊임없이 외친다. "오라. 돌아오라." 이제 그대
앞에 있는 책을 "들고 읽으라."[1]

오래전 선지자가 무너진 제단을 수축하고 멀어진 백성들을 불렀듯이 지금도 이 거룩한 책은 당신을 향해 부르고 있다. "내게로 가까이 오라"왕상 18:30. 덮여 있는 책이 당신을 부르고 있다. 당신의 손으로 직접 책을 펼치도록. 다윗이 식사 자리에 오기까지 사무엘이 기다렸듯이 주님은 지금도 기다리고 계신다 삼상 16:11.

천국은 마치 자기 아들을 위하여 혼인 잔치를 베푼 어떤 임금과 같으니 그 종들을 보내어 그 청한 사람들을 **혼인 잔치에 오라** 하였더니 오기를 싫어하거늘 다시 다른 종들을 보내며 이르되 청한 사람들에게 이르기를 내가 오찬을 준비하되 나의 소와 살진 짐승을 잡고 모든 것을 갖추었으니 **혼인 잔치에 오소서** 하라 하였더니 그들이 돌아보지도 않고 한 사람은 자기 밭으로, 한 사람은 자기 사업하러 가고 그 남은 자들은 종들을 잡아 모욕하고 죽이니 임금이 노하여 군대를 보내어 그 살인한 자들을 진멸하고 그 동네를 불사르고 이에 종들에게 이르되 혼인 잔치는 준비되었으나 청한 사람들은 합당하지 아니하니 네거리 길에 가서 사람을 만나는 대로 **혼인 잔치에 청하여 오라** 한대 종들이 길에 나가 악한 자나 선한 자나 만나는 대로 모두 데려오니 혼인 잔치에 손님들이 가득한지라 임금이 손님들을 보러 들어

올새 거기서 예복을 입지 않은 한 사람을 보고 이르되 친구여 **어찌하여 예복을 입지 않고** 여기 들어왔느냐 하니 그가 아무 말도 못하거늘 임금이 사환들에게 말하되 그 손발을 묶어 바깥 어두운 데에 내던지라 거기서 슬피 울며 이를 갈게 되리라 하니라 청함을 받은 자는 많되 택함을 입은 자는 적으니라 마 22:2-14

초대장이 왔다. 왕으로부터 왔다. 명령이 아니라 정중한 초대였다. 그러나 왕의 초대이기에 진중하게 받아들여야 할 초대였다. 그런데 왕의 초대는 거절되었다. 왕의 신민이 왕의 초대를 거절하다니 있을 수 없는 일이었다. 그럼에도 불구하고 왕의 초대는 반복되었다 마 3:2, 4:17. 진심이었다. 이보다 더 감사할 수 없었다. 더 이상 외면할 수도 없었다.

그러나 청함 받은 사람들은 오기를 싫어했다. 선택은 그들의 자유였지만 그들이 왕의 진심을 무시하고 모욕한 것이 문제였다. 그들이 특별히 이상한 사람들이었는가? 아니다. 그들은 밭으로 가고 사업하러 가고 열심히 사는 사람들이었다. 지극히 정상적이고 모범적인 사람들이었다. 다만 문제는 왕의 초대를 거절했다는 점이다.

왕은 진노했고 심판했다. 두 가지를 의미한다. 첫째, 왕의 초대를 거절하는 사람들은 결국 반역자가 된다. 둘

째, 왕의 정중한 초대는 거부할 수 없는 초대다. 당신에게
도 동일한 초대장이 도착했다. 열어 보지 않으면 괜찮을
까? 아니다. 이미 이 초대장이 도착했음을 모르는 이가 없
다. 선택은 자유이고 결과는 엄중하다.

왕의 아들의 혼인 잔치에는 누구나 초대를 받았지만
아무나 들어올 수는 없다. 왕의 기준에 맞아야 한다. 악한
자나 선한 자가 모두 초대받았다. 그렇다면 왕의 기준은
'선인인가, 악인인가'가 아니라 '예복을 입었는가'이다. 왕
의 잔치에 들어가면서 왜 왕이 나눠 주는 예복을 입지 않
는가. 그 자리는 내 공력으로 들어갈 수 없는 자리다. 왕
이 요구하는 옷을 입으라. 그 옷은 "구원의 옷"사 61:10이요
"예수 그리스도로 옷" 입는 것이다 롬 13:14.

다만 누구나 오라고 해서 갔는데 내쫓기는 자도 있다
니, 가까이하기엔 너무나 두려운 하나님이 아닌가? 그렇
지 않다. 친밀과 존중은 언제나 함께 가야 한다. 성경은 가
까이 있다. 그러나 성경을 존귀히 여기라. 성경은 천상에
서 지상으로 보내온 초대장이기 때문이다. 초대招待가 없
었다면 기대期待도 없었을 것이다. 여기 지상의 어둠 속에
서 우리 모두는 소멸되었을 것이다. 천상을 바라볼 수 있
는 한 줄기 빛이 되어 준 책, 성경이다.

또한 초대장이 난해하다고 말하지 말라. 초대장은 누
가 대독해 주지 않아도 그것만 보고도 이해 가능하고 참

석 가능하도록 되어 있다. 성경은 난해한 암호문이 아니다. 현인에게도 우민에게도 말씀의 햇빛과 단비를 내려주는 책이다. 신의 언어는 가장 일상적이고 평범한 언어 속에 녹아든 초월적 계시의 언어다. 성경은 일상 속의 신비요, 역사 속의 초월이요, 인성 속의 신성이다. 신의 언어는 실로 내 영혼의 문을 두드리시는 임의 손길이다 아 5:2.

그런데 아는가? 본래 당신은 그저 하객으로 초대받은 것이 아니라 신부로 초대받은 것이다. 예수님은 또 다른 비유에서 손님이 아니라 신부가 될 처녀로 묘사하셨다. "그때에 천국은 마치 등을 들고 신랑을 맞으러 나간 열 처녀와 같다 하리니"마 25:1. 그리고 천국 잔치 자리에 가보니 "신부"가 맞다. "일곱 천사 중 하나가 나아와서 내게 말하여 이르되 이리 오라 내가 신부 곧 어린양의 아내를 네게 보이리라 하고"계 21:9.

성경은 어제도 오늘도 내일도 당신을 초대한다. 성부 하나님이 초대하시고, 성자 예수님이 당신의 신랑 되시고, 성령 하나님이 인도하시는 왕의 아들의 혼인 잔치에 부른다. 성경은 처음부터 당신을 하객으로 초대하는 초대장이 아니라 신부로 맞이하겠다는 프러포즈였다. 어떻게 이 프러포즈를 거절하겠는가.

이제는 당신이 응답할 차례다.

무화과나무에는 푸른 열매가 익었고 포도나무는 꽃을

피워 향기를 토하는구나 나의 사랑, 나의 어여쁜 자야

일어나서 함께 가자 아 2:13

02
신의 편지

내가 참으로 사랑하는 자에게 편지하노라 요삼 1:1

오늘도 내 문 앞에 편지 한 통이 꽂혀 있다. 그런데 그 편지가 하루 또 하루 쌓여서 어느새 66권 1,189장 31,173절이 되었다. 오늘도 신의 언어는 내 영혼의 우편함으로 나를 부르신다. 그런데 나는 오늘도 그 앞을 무심코 지난다. 아니 일부러 열어 보지 않는다. 신에게서 온 편지가 밀린 청구서일까 봐 차일피일 미룬다. 사실은 내 영혼의 모든 빚이 탕감되었고 언제든 그분의 나라에 올 수 있다는 초대장인데.

그런데 이 편지는 세월이 지나고 눈비를 맞아도 변색되거나 구겨지지 않는다. 늘 변함이 없다. 마치 누군가가 매일 새로 꽂아 놓은 꽃처럼.

풀은 마르고 꽃은 떨어지되 오직 주의 말씀은 세세토록

있도다 벧전 1:24-25

천지는 없어지겠으나 내 말은 없어지지 아니하리라
막 13:31

성경은 사랑의 서신書信이다. 당신을 사랑하기 때문에요 15:9, 그리고 그분이 사랑이시기 때문에요일 4:16 보내신 하나님의 친서親書요 당신의 답신答信을 기다리는 서신이다. 사랑하기에 다가오시고 말씀하시는 하나님은 오늘도 온 마음과 뜻과 힘을 다해 사랑의 편지를 쓰신다. 왜인가? 당신도 그렇게 하나님을 사랑하기 원하시기 때문이다.

너는 마음을 다하고 뜻을 다하고 힘을 다하여 네 하나님 여호와를 사랑하라 신 6:5

"요한의 아들 시몬아 네가 나를 사랑하느냐"요 21:16 질문하신 것은 "네가 부인해도, 네가 절망해도, 네가 뒤돌아서도, 그래도 나는 너를 사랑하는데. 나는 너를 포기할 수 없는데"라고 말씀하심이다.

하나님은 당신을 사랑하신다.

이 한마디를 위해 이 두꺼운 성경 한 권을 주셨다. 신의 언어는 사랑이 홍수처럼 범람하는 언어다. 성경이 드러내는 하나님은 사랑의 하나님이다. 당신을 너무나도 사랑하셔서 그 사랑을 무한히 반복해서 표현하실 수밖에 없는 하나님이다. 거룩하신 하나님이 어찌 이토록 말씀이 많으신지 놀라울 따름이다. 그야말로 성경은 하나님의 사랑의 집착stalking이다.

인간이 이만큼 죄를 짓고 속을 썩이고 실패를 거듭했으면 이제 그만 포기하실 만도 한데 아직도 가겠다고, 아니 영원히 가겠다고 말씀하시는 하나님. 하나님은 사랑이시다. 성경이 모든 장과 구절과 단어를 통해 외치는 것은 하나님의 사랑이다. 그래서 신의 언어를 대하고 있으면 몸이 따듯해지고 가슴이 뜨거워지고 영혼의 체온이 상승한다. "우리에게 말씀하시고 우리에게 성경을 풀어 주실 때에 우리 속에서 마음이 뜨겁지 아니하더냐"눅 24:32.

"하나님이 이르시되"창 1:3. "내가 진실로 너희에게 이르노니"막 10:15. "성령이 밝히 말씀하시기를"딤전 4:1. 삼위 하나님은 말씀하시는 하나님이다. 구구절절 나 한 사람을 향해 말씀하시는 하나님이다. 신의 끊임없는 구애에 못 이겨 편지를 여는 순간, 당신은 놀라지 않을 수 없다. 어떻게 나의 과거와 현재와 미래를 다 아시는지, 주의 음성이 많은 물소리처럼 울리고 주의 시선은 불꽃같은 눈동자로 나를 바라보고 계시기 때문이다계 1:14-15.

네가 요한의 아들 시몬이니 장차 게바라 하리라 요 1:42

　　2천 년 전 한 남자를 보시자마자 그의 과거와 현재와 미래를 말씀해 주신 주님! 인류의 창조주시요 역사의 주관자시요 시간의 완성자이신 주님은 우리의 시작 및 과거와 현재와 미래를 통찰하시는 놀라운 언어로 끊임없이 파도가 치듯 말씀하신다.

　　마음을 저울질하시는 이가 어찌 통찰하지 못하시겠으며 네 영혼을 지키시는 이가 어찌 알지 못하시겠느냐 잠 24:12

　　성경의 구도 자체가 그러하다. 구약 성경은 창조의 원리 율법서를 기초로 하여 인류 역사의 과거 역사서 와 현재 시가서 와 미래 예언서를 통찰해 준다. 신약 성경은 복음의 원리 복음서를 기초로 하여 구원사의 과거 역사서 와 현재 서신서와 미래 예언서를 통찰해 준다. 역사를 통찰하고 인생을 통찰하는 놀라운 언어가 우리 앞에 펼쳐져 있다.

　　그러니 나를 향한 주님의 말씀에서 한시도 눈을 뗄 수 없고 그 말씀을 밤낮으로 묵상하지 않을 수 없다 시 1:2. 신의 언어는 실로 죄인들도 냉담자들도 무신론자들도 끌어당기는 사랑의 인력 引力 이다. 그렇게 신의 사랑의 서신을 읽어 내려가다가 나를 향한 주님의 시선과 마주치는 날이면 막 10:21, 죽어 있던 영혼의 맥박이 다시 뛰고 신의 언어와 열애에 빠지게 된다.

예수께서 그를 보시고 사랑하사 이르시되 막 10:21

주님의 사랑의 시선이 눈앞에 어른거리고 신의 구애의 속삭임이 귓가에 맴돈다. 사랑으로 하시는 말씀이니 그 말씀 자체가 곧 사랑이다. "내가 아버지의 계명을 지켜 그의 사랑 안에 거하는 것같이 너희도 내 계명을 지키면 내 사랑 안에 거하리라" 요 15:10. 주님은 계명이 아닌 사랑을 원하신다. 사랑하면 사랑하는 이의 모든 말이 내게 유의미해진다. 길을 걸어도, 일을 해도, 밥을 먹어도, 홀로 있어도 온통 내 마음과 생각과 시선과 존재는 사랑하는 이의 말에 사로잡혀 있다.

이스라엘아 들으라 우리 하나님 여호와는 오직 유일한 여호와이시니 너는 마음을 다하고 뜻을 다하고 힘을 다하여 **네 하나님 여호와를 사랑하라** 오늘 내가 네게 명하는 이 말씀을 너는 마음에 새기고 네 자녀에게 부지런히 가르치며 집에 앉았을 때에든지 길을 갈 때에든지 누워 있을 때에든지 일어날 때에든지 이 말씀을 강론할 것이며 너는 또 그것을 네 손목에 매어 기호를 삼으며 네 미간에 붙여 표로 삼고 또 네 집 문설주와 바깥문에 기록할지니라 신 6:4-9

'말씀으로 충만하라. 곧 하나님을 사랑하라.' 이것은 신명기의 핵심이자 성경 전체의 핵심이다. 모세가 당부한 마지막 부탁의 말씀인 신명기申命記, Deuteronomy 뿐 아니라 성경 자체가 돌림 노래다. 말씀으로 내 영혼이 충만해질 때까지 반복해서 울리는 신의 언어의 돌림 노래요, 하나님 아버지의 애정 어린 잔소리다. 그야말로 성서는 밤부터 아침까지, 천상에서 지상까지, 태초에서 영원까지 고백하고 또 고백하는 신의 절절한 사랑 노래다.

하지만 그 사랑을 느낄 수 없다며 의문을 품는 이들이 있다. 도대체 하나님은 세상을 왜 창조하셨는가? 도대체 인간은 왜 만드셨는가? 선악과는 무슨 의도로 만드셨는가?[2] 그러시고는 왜 홍수로 인류를 심판하셨는가?

그런데 하나님은 한 가지로 대답하신다. "내가 너를 사랑함이라."[3] "창조의 아름다운 동산을 마련한 것도, 너를 다른 그 어떤 존재와 비교할 수 없는 내 형상으로 빚은 것도, 그런 네가 최악의 선택을 피하도록 기준을 잡아 준 것도, 죄지은 너를 내보내면서 가죽옷을 입혀 준 것도 내가 너를 사랑함이라. 죄악이 충만하여 나의 신이 떠날

창 6:3, 5 만큼 회복 불능이 된 인류를 심판하면서 거기서 끝내지 못한 것도 내가 너를 사랑함이라."

세상에 있는 자기 사람들을 사랑하시되 **끝까지 사랑하시니라** 요 13:1

주님은 마지막 순간까지 사랑하셨고 최고의 정점까지 사랑하셨다. 당신을 사랑한다는 이유로 친히 감당하셔야 했던 대가살전 1:3는 참혹한 십자가였다. 그 사랑은 세상 어떤 것에도 당신을 빼앗기지 않겠다고 다짐하심이다 롬 8:35-39. 그분의 진심을 알라. 그것이 그분을 사랑하는 것이요 영화롭게 하는 것이다. 그러기에 사랑의 언어로 충만한 성경을 읽는 것 자체가 경배요 경건이며 구원이요 성화다 딤후 3:15.

성경을 당신 골방의 탁자 위에 펼쳐 두라. 은은한 사랑의 향기가 온 방에 퍼지도록 하라. 아침 햇살을 통해 비친 성경을 읽을 수 있도록, 조요한 달빛 아래에서도 묵상할 수 있도록 하라. 아침에 일어나자마자 처음으로 대면하는 책, 밤에 잠들기 전에 마지막으로 읽는 책, 한낮의 치열한 삶 속에서도 위로와 지혜를 청하게 되는 책, 잠 못 이루는 밤에 읊어 보는 책이 되게 하라 시 119:147-148. 종일 종야 나의 시선과 마음을 사로잡는 책이 되게 하라. 당신

의 삶의 "알파요 오메가의 책"이 되게 하라.[4]

밤이나 낮이나 그분이 당신에게 사랑을 속삭이고 계시기 때문이다.

낮은 낮에게 그의 말씀을 전해 주고, 밤은 밤에게 그의 지식을 알려 준다 시 19:2, 표준

03
성경이 읽히다

이 율법책의 말씀을 늘 읽고 수 1:8, 표준

책을 읽는다는 것은 고된 작업 作業이다. 내 것이 아닌 것을 받아들이는 의식적인 노동이기 때문이다. 그러나 책의 단어와 문장들이 은은한 향기처럼 풍겨 오고, 아름다운 음악처럼 들려온다면 신의 언어를 대하는 일만큼 행복한 노동은 없다.

다만 이 놀라운 책에 어떻게 다가서야 하는 것일까? 혹자는 "정독하라", 혹자는 "통독하라", "아니다. 공부하라", "묵상하라", "암송하라" 등 여러 가지 권면을 한다. 그러나 기본적인 공통점은 읽는 것이다. 그러면 성서를 어떻게 읽을 것인가? 가장 쉽고 바른 길은 당신이 성경의 독자 讀者인 동시에 청자 聽者가 되는 길이다.

시몬이 대답하여 이르되 선생님 우리들이 밤이 새도록

수고하였으되 잡은 것이 없지마는 **말씀**헬. 레마**에 의지하여** 내가 그물을 내리리이다 하고 눅 5:5

주님은 집요하게 시몬을 부르셨다. 첫 만남이 있었고 요 1:42, 집에도 찾아가셨다 눅 4:39. 하지만 시몬은 반응할 마음이 없었다. 결국 주님은 시몬의 배에 오르셔서 무리를 앞에 두고 단 한 사람의 청중聽衆, audience인 시몬에게 말씀하셨다. 드디어 시몬을 움직인 것은 나를 향해 들려오는 말씀이었다. 성경 읽기도 마찬가지다. 기록된 로고스logos의 말씀이 들리는 레마rhema의 말씀이 될 때, 드디어 진정한 성경 읽기가 시작된다.

내 눈을 열어서 주의 율법에서 놀라운 것을 **보게 하소서** 시 119:18

거룩한 책을 읽는 일은 거룩하신 이께서 눈을 열어 주셔야 한다. 성서는 내가 읽는 것이 아니다. 성서가 내게 읽히는 것이다. 내가 물에 뜨는 것이 아니라 물이 나를 띄워 주는 것이다. 물론 내가 물가에 가고 물속에 들어가야 한다. 그러나 그다음은 물에 맡겨야 한다.

거룩한 독서는 그렇게 성서의 이끄심을 따라가는 일이다. 주님께서 내 손을 잡고 사랑의 무도회 가운데로 이끄시는 경험이다. 주님이 인도하시는 대로 사랑의 언어로 대화하라. 그저 주님을 그윽이 바라보고 그 입술의 음성을 사모하라.

갓난아기들같이 순전하고 신령한 젖을 사모하라

벧전 2:2

그저 아기가 젖을 사모하듯 안기기만 하면 된다. 성경을 펼쳐서 읽되 그분의 읽어 주심을 갈망하라. 그러면 이내 만족하게 먹고 잠이 드는 아기처럼, 그분의 품에 안겨 말씀을 먹고 그분의 온기를 느끼며 영혼의 쉼과 회복을 얻으리라.

성경 읽기는 적극적 수동성proactive passivity이다. 주님의 주도권을 인정하고 적극적 수용성을 가지라. 팔짱을 낀 채 "나를 이해시켜 보라" 말하지 말라. 가뭄에 메마른 대지 위에 선 농부가 단비를 기쁨으로 맞이하듯이, 성서를 펼쳐 들 때 보좌로부터 부어지는 은혜와 진리의 생수슥 14:8를 기대하라. 신의 임재의 대지 위에 서서 당신의 전 존재로 말씀을 흡입하라.

자, 이제 성서를 펼쳐서 읽어 보라. 물론 처음에는 잘 읽히지 않는다. 왜일까? 신의 언어가 인간의 가청 주파수 범위가 아니기 때문이다. 인간 자체가 신의 언어요 1:2

와 신의 숨결창 2:7로 만들어졌는데, 인간이 범죄하고 타락하여 신의 언어도 망각시 119:139하고 신의 숨결도 상실창 6:3했기 때문이다. 그 음성이 내 귀에 익숙해지기까지 신의 언어 안에 머물라. 아이 사무엘이 주의 임재의 성전에 머물렀던 것처럼 하라 삼상 3:3.

> 여호와께서 임하여 서서 전과 같이 사무엘아 사무엘아 부르시는지라 삼상 3:10

아무리 좋은 말도 내게 익숙하지 않은 언어는 복음福音이 아니라 소음騷音일 뿐이다. 그러나 익숙해지면 들리기 시작한다. 언어는 그 언어가 내 안에 있는 만큼 들리는 법이다. 영혼의 안테나가 회복될 때까지 들으라. 아이가 천 번을 들어야 "아빠", "엄마"를 말하듯이, 당신의 영혼이 입술을 열어 "아빠 아버지"롬 8:15라고 옹알이를 할 수 있을 때까지 들으라.

그러므로 못 읽겠다고 중단하지 말라. 물에 대한 감각이 아무리 떨어지는 사람도 물을 가까이하고 물과 친해지면 어느 날 물에 뜨게 된다. 성경을 가까이하고 신의 언어에 친숙해지라. 어느 날 당신의 영혼이 말씀의 생명수 위에 뜨는 감격을 경험하리라.

문맹이라 못 읽겠다고 하지 말고 봉인된 책이라 못

읽겠다고 하지 말라 사 29:11-12. 설교가 범람하는 시대에 성경의 생수를 마시지 아니함은 마음이 떠났기 때문이다 사 29:13. 정직하게 내 영혼을 진단하라. 신의 언어로 소통할 수 없는 영적 난독증과 영적 청각장애에 빠진 것을 슬퍼하라. 신의 언어가 낯선 외국어가 된 것에 탄식하라 겔 3:6-7.

> 너희가 듣기는 들어도 깨닫지 못할 것이요 보기는 보아도 알지 못하리라 사 6:9

"하나님이여, 나의 귀를 깨우치사 학자같이 알아듣게 하소서 사 50:4! 그리스도여, 나의 유일한 스승이 되어 주사 내게 진리를 가르치소서 마 23:8! 성령이여, 나의 영혼과 지정의와 오감을 각성시키고 감동하사 신의 언어가 내 안에 충만하게 하소서 요 14:26!"

떨기나무 불꽃 가운데 여호와께서 "모세야 모세야" 부르셨듯이 출 3:4 당신을 부르시는 말씀의 불꽃 앞에 당신 자신을 세워 보라. 어떠한가? 사그라들지 않는 불꽃의 신비가 당신의 시선을 사로잡고 적막 속에 들려오는 주의 음성이 당신의 심장을 때리지 않는가.

주의 말씀이 임할 때에 그렇게 "그대 존재의 모든 모공毛孔"을 열라.[5] 하나님의 영광의 빛 앞에 당신의 영·혼·육전 존재를 열라. 그리스도의 진리의 빛 앞에 당신의 지성과 감정과 의지의 전 인격을 열라. 그러면 세속적인 관점의 비늘은 벗겨지고 밝은 영적 시야가 열리게 되리라 행 16:18.

그러고 나면 내가 성경을 조명하는 것이 아니라 성령이 나를 조명해 주시고 엡 1:17, 내가 성경을 독파讀破 하는 것이 아니라 진리의 말씀이 나를 깨뜨리시고 히 4:12, 내가 성경을 해석하는 것이 아니라 성경이 나를 해석해 주신다. 이제는 성경처럼 읽기 쉬운 책이 없다. 신의 언어가 독음讀音에서 청음聽音으로, 마침내 득음得音에 이르게 되기 때문이다.

이 모든 것은 하나님이 하시는 일이다. "우리는 하나님에 의해 하나님을 배운다."[6] 마치 환자가 엑스레이 앞에 서는 것처럼 말씀이 나를 읽어 내려가신다. 성경이 주체가 되고 나는 객체가 되는 독서의 체험이다. 내가 성경의 진위를 분별하고 호불호를 선택하는 것이 아니라 진리의 말씀이 내 영혼의 상태를 안팎으로 훑으시고 재형성再形成 하시는 체험이다.

"훈계에 **네 심장을 갖다 대고** 지식의 말씀에 네 귀를 기울이라" 잠 23:12, 원문 직역. 더 이상 내가 기준이 되지 않고 말씀이 기준이 되어서 내가 그 기준에 가서 붙는 존재의 이동, 이것이 거룩한 독서다.

성경이 읽히다 —

신의 언어는 실로 신비하다. 어린아이도 이해할 만큼 쉬우면서 학자들도 연구할 만큼 심오하다. 성경에는 진입 장벽이 없다. 해설이 없어도 성경의 메시지는 명쾌하다 고전 2:1-2. '하나님의 사랑과 구원'만큼 분명한 메시지가 어디 있는가. 그런데 반전이 있다. 열심을 갖고 따르던 많은 제자들이 "이 말씀은 어렵도다 누가 들을 수 있느냐" 말했다 요 6:60. 왜일까?

> 천지의 주재이신 아버지여 이것을 지혜롭고 슬기 있는 자들에게는 **숨기시고** 어린아이들에게는 **나타내심**을 감사하나이다 눅 10:21

세상 지혜와 경험으로 다가서는 자는 여지없이 부끄러움을 겪게 된다 고전 1:20. 하지만 자기 통제력과 자기 주도성을 내려놓고 완전히 맡기는 자에게는 이보다 쉬운 일이 없다.

> 내게 그 물을 건너게 하시니 겔 47:3-4

하나님께서 선지자에게 성전 문지방에서 흘러나오는 생명수 줄기를 건너가라 하신다. 처음에는 물이 발목에 올라왔지만 마지막에는 "사람이 능히 건너지 못할 강"이

된다 겔 47:5. 건널 수 없는데 건너라고 하신다. 다 이해할
수 없는데 이해하라 하신다. 읽을 수 없는데 읽으라 하신
다. 그렇다면 사람으로는 할 수 없으나 하나님이 하신다
는 말씀이다 막 10:27.

> 아이 사무엘이 엘리 앞에서 여호와를 섬길 때에는 여호
> 와의 말씀 Word 이 희귀하여 이상 vision 이 흔히 보이지 않
> 았더라 삼상 3:1

하나님의 계시는 들리는 말씀과 보이는 이상으로 임
했다. 성경말씀은 시각 video 과 청각 audio 을 동시에 터치하
시는 입체적 진리다. 성경 읽기는 하나님의 말씀이 음성
과 영상으로 생생하게 다가오는 살아 있는 체험이다. 왜
냐하면 그분은 "살아 계신 하나님" 렘 10:10 이시며 그분의
언어는 '살아 있는 말씀' 벧전 1:23 이기 때문이다.

그러므로 교회여, 소그룹에서도 공예배에서도 성경을
읽으라. 진리의 말씀을 경모 敬慕 함으로 낭독하는 그 자체
가 최고의 경배 敬拜 이기 때문이다. "내가 이를 때까지 읽
는 것 the public reading of Scripture, NIV 과 권하는 것과 가르치는
것에 전념하라" 딤전 4:13.

목회자들이여, 성경을 읽으라. 설교를 위해서만이 아
니라 자기 구원을 위해서 읽으라. "네가 네 자신과 가르침

을 살펴 이 일을 계속하라 이것을 행함으로 네 자신과 네게 듣는 자를 구원하리라"딤전 4:16.

성도들이여, 당신의 마음밭에 말씀의 씨앗을 뿌리라. 세상의 모든 소란사 22:2과 소문시 112:7과 소동마 2:3을 뒤로하고 고요한 말씀의 골방으로 들어가라 마 6:6. 얼어붙은 마음을 기경하고호 10:12 옥토와 같은 마음마 13:8으로 말씀의 씨앗을 받아들이라.

눈물을 흘리며 씨를 뿌리는 자는 기쁨으로 거두리로다

시 126:5

04
말씀을 묵상하다

내가 주의 법을 어찌 그리 사랑하는지요
내가 그것을 종일 묵상하나이다 시 119:97, 한글

묵상默想은 과묵寡默한 사람이 하는 것이 아니라 친밀한 사람이 하는 것이다. 양은 목자의 음성을 듣고, 자녀는 아비의 음성을 듣는다. 양이 도적의 음성을 분별하는 이유는 목자의 음성이 친밀하기 때문이고요 10:5, 어린 아기가 낯을 가리는 이유는 부모의 얼굴이 익숙하기 때문이다. 주의 음성이 친밀하지 않은 사람이 영 분별을 할 수 없고, 주의 자녀가 아닌 사람이 주의 음성을 들을 수 없다.

어찌하여 내 말을 깨닫지 못하느냐 이는 내 말을 들을 줄 알지 못함이로다 요 8:43

유대인들은 자신들의 아버지가 하나님이라고 주장하는데 예수님은 아니라고 말씀하셨다. 자녀라면 아버지의

말씀을 묵상하다 —

음성을 듣고 사랑할 텐데 그러지 않기 때문이었다. 묵상은 자녀 됨의 특권을 개념이 아닌 실재로 만드는 가장 강력한 길이다.

그러면 묵상은 어떻게 하는 것인가? 성경공부는 객관적이고 논리적 접근이라면, 말씀 묵상은 주관적이고 실존적 접근이다. 다만 묵상은 주관적인 접근이라 위험하고도 중요하다. 그래서 성경통독과 연구로 균형을 잡아야 한다. 하지만 오늘날 우리의 삶이 변하지 않는 것은 성경 지식이 부족해서가 아니라 신앙의 내면화가 이루어지지 않기 때문이다. 그러므로 우리는 성경을 공부의 대상이 아니라 주님의 현존으로 마주해야 한다.

또한 묵상은 명상冥想이 아니다. 명상은 비우는 것이라면 묵상은 채우는 것이다. 우리의 심령은 비움으로 깨끗해지는 것이 아니라 마 15:11, 진리의 말씀으로 채울 때 깨끗해진다 시 119:9; 요 15:3. 말씀 묵상은 하나님으로 나의 생각과 감정과 의지를 충만하게 하는 것이다. 말씀 묵상은 결국 하나님 충만이다. 명상은 내면의 소리를 듣는 개인내적Intrapersonal인 것이지만, 묵상은 주님과 인격적 대화를 나누는 대인관계적Interpersonal인 것이다.

이러한 묵상은 소리 없는 내면의 혁명이다. 말씀을 품고만 있어도 내면이 변하지 않을 사람이 없다. 시몬이 감격하여 주를 따라가고, 수가성 여인이 변화되어 주님을 증거하고, 삭개오가 스스로 삶을 돌이켰다. 묵상meditation은 가만히 있어도 온몸에 퍼지는 약물medication처럼, 말씀의 약효가 온몸에 퍼지게 만든다.

말씀 묵상은 스스로 자라는 씨와 같다 막 4:26-27. 씨앗은 생명력을 갖고 있다. 다만 그 씨앗이 생명력을 발휘할 수 있는 땅에 뿌려지기만 하면 된다. 사람의 심령은 신의 언어를 품고 묵상할 수 있도록 창조된 특별한 밭이다.

'묵상하다'의 히브리어 '하가' hagah는 '중얼거리다, 으르렁거리다'라는 뜻이다. 복 있는 사람이 말씀을 "묵상" 시 1:2 한다는 의미는 마치 "큰 사자나 젊은 사자가 자기의 먹이를 움키고 으르렁" 사 31:4 거리며 반복해서 음미하는 것과 같고,[7] 아이가 달콤한 사탕을 입 안에 넣고 이리저리 굴리며 즐기는 것과 같다.

> 복 있는 사람은 악인들의 꾀를 따르지 아니하며 죄인들의 길에 서지 아니하며 오만한 자들의 자리에 앉지 아니하고 오직 **여호와의 율법을 즐거워하여** 그의 율법을 **주야로 묵상하는도다** 그는 시냇가에 심은 나무가 철을 따라 열매를 맺으며 그 잎사귀가 마르지 아니함 같으니 그가 하는 모든 일이 다 형통하리로다 시 1:1-3

묵상하는 사람은 평온하지만 묵상이 없는 사람은 조

급하다. 생각나는 대로 행동하다가 죄짓고 죄를 반복하다가 오만한 자들의 자리까지 간다1절. 그러나 묵상하는 사람은 차분하게 방향을 보고 움직인다. 먼저 말씀이 좋아서 그 말씀을 주야로 묵상한다 2절. 그렇게 묵상한 말씀이 내면에 충만해진 뒤에 행하면 그 행사가 다 형통하게 된다3절.

이삭의 인생이 참 형통했던 이유는 그가 묵상하는 사람창 24:63이었기 때문이다. 아내를 순적하게 만났고 창 24:15, 기도하자 자녀를 바로 얻었고 창 25:21, 농사한 첫해에 백 배의 결실을 얻었고 창 26:12, 이웃과 다투지 않고도 넉넉한 물과 땅을 받았다 창 26:22. 묵상하는 인생은 물 흐르듯이 하나님의 순리대로 가기 때문이다.

하나님은 묵상하는 사람을 형통하게 하신다수 1:8. "주의 법을 사랑하는 자에게는 큰 평안이 있으니 그들에게 장애물이 없으리이다"시 119:165. 왜냐하면 묵상하는 사람이 순종하는 사람이 되기 때문이다. 그래서 성경은 놀랍게도 묵상하는 사람을 "의인"이라고 부른다시 1:6. 하나님은 거룩의 행위가 아니라 내면의 묵상을 의로 인정하신다.

내 입의 말과 마음의 묵상이 주님 앞에 열납되기를 원하나이다 시 19:14

하나님 앞에 행위의 의로움으로 당당할 사람이 누구인가. 그러나 마음에 진리의 말씀을 차곡차곡 쌓아 가며 주님이 기뻐하시는 존재가 되기를 원하는 사람, 하나님은 그의 진심을 받아 주신다. 묵상이 언행이 되고 결국 인생이 되기 때문이다.

그대여, 묵상의 사람이 되라. 앞으로 주의 말씀을 조석朝夕과 주야晝夜로 묵상해 보라. 광야 40년 동안 하나님께서 그 백성에게 조석으로 만나와 메추라기를 주셨으며출 16:13, 주야에 불기둥과 구름기둥으로 인도해 주셨다출 13:21. 말씀 묵상은 내가 애써서 무언가를 하는 것이 아니다. 조석으로 먹여 주시고 주야로 인도하시는 주님을 대면하는 것일 뿐이다.

묵상은 주님과의 대화다. 묵상은 수필이나 일기를 쓰는 것이 아니라, 주님과 마주하는 것이다. 주님의 말씀 안에서 질문하고 듣고, 고백하고 고백받고, 토로하고 위로받고, 간구하고 응답받는 것이다. 말씀의 식탁을 두고 주님과 마주앉아 주님의 얼굴을 바라보며 종일 대화를 나누는 것이다. 내 영혼의 온도가 주님의 온도에 맞기까지, 나의 마음이 주님의 마음에 동감同感하게 되고 나의 뜻이 주님의 뜻에 동의同意하게 되기까지 대화해 보라.

말씀의 대화에는 거룩한 상상력이 필요하다. 나 자신이 성경인물이 되어 주님의 인자한 미소와 진지한 눈빛을 바라보고 그분의 청아한 목소리를 들어 보라. 말씀 속에 들어가 직접 주님을 만나는 체험을 하라. 나의 존재로 체험한 말씀은 잊히지 않는 법이다.

> 좋은 땅에 있다는 것은 착하고 좋은 마음으로 말씀을 들고 **지키어** 인내로 결실하는 자니라 눅 8:15

결실까지 욕심내지 말고 뿌려진 말씀만 지켜 내라. 여기서 '지키다'라는 단어는 '실천하다'가 아니라 '간직하다'라는 뜻이다. 열매는 하나님이 맺으시고, 인내는 내가 하는 것이다. 인내하고 지켜 내면 씨앗은 반드시 생명력을 발휘한다.

한 여인이 말씀을 듣고 간직했다. "주의 여종이오니 말씀대로 내게 이루어지이다" 눅 1:38. 어린 소녀[8] 마리아는 하나님의 아들을 수태하리라는 엄청난 말씀을 듣고도 받아들였다. 이후에 성자가 십자가에 달리고 부활하시기까지 그 험난한 여정을 이겨 낼 수 있었던 것은 그녀가 묵상하는 여인이었기 때문이다 눅 1:28, 2:19, 51.

> 네가 나의 인내의 말씀을 지켰은즉 내가 또한 너를 지켜 시험의 때를 면하게 하리니 계 3:10

말씀 묵상은 땅속에 심긴 씨앗처럼 처음에는 아무것도 보이지 않지만 세월이 흐르며 너른 추수의 들판이 되고 울창한 삼림이 된다. 신앙은 윤리 도덕이 아니라 주님의 생명이 내 안에서 자라 가는 실존적 체험이다. 바로 묵상은 말씀이 내 영혼의 체질이 되는 체험이다.

그래서 묵상은 다른 무엇보다도 마음을 건강하게 만든다 잠 4:23. 지속적인 묵상은 마음의 체질을 건강하게 바꾼다. "지혜로운 사람의 마음은 바른 쪽으로 쏠리지만 어리석은 사람의 마음은 그릇된 쪽으로 치우친다"전 10:2, 우리말. 마음의 지침 pointer 이 한쪽으로 기울어지는 경향 inclination 이 생긴다는 뜻이다.

"여호와께서 사람의 죄악이 세상에 가득함과 그의 마음으로 생각하는 모든 계획 inclination, NIV 이 항상 악할 뿐임을 보시고"창 6:5. 홍수로 심판하신 하나님이 비정상이 아니라 마음의 경향이 완전히 악한 쪽으로 기울어진 인간이 비정상이었고 회복 불능이었다.

> 내가 원하는 바 선은 행하지 아니하고 도리어 원하지 아니하는 바 악을 행하는도다 롬 7:19

그러므로 말씀을 대할 때 단순히 정보로 대하지 말라. 마음의 키가 주님 쪽으로 기울지 않으면 언제든 무너진다. 하와가 말씀을 듣고도 무너지지 않았는가. "여자가 그 나무를 본즉 먹음직도 하고 보암직도 하고 지혜롭게 할 만큼 탐스럽기도 한 나무인지라" 창 3:6. 동일하게 아간도 말씀을 듣고도 무너지지 않았는가. "보고 탐내어 가졌나이다" 수 7:21.

사람의 본질은 그 사람의 내면이다. 당신의 내면에 무엇을 채울 것인가? 보고 듣고 품는 것을 절제하라. 당신의 오감과 지정의를 하나님의 말씀의 울타리 안에 지켜 내라. 당신이 종일 듣고 보는 근원 자체를 바꾸라 롬 12:2. 영혼의 채널을 주님께 고정하라.

그러면 언어가 변하기 시작한다. "무릇 더러운 말은 너희 입 밖에도 내지 말고" 엡 4:29. 순전한 언어가 내주하면 더러운 언어가 더 이상 동거하지 못한다. 내 안에서 성령이 근심하시기 때문이다. 진리를 거부하는 영적인 반언어 anti-language,[9] 이 부분은 제23장에서 더 자세히 다루겠다 를 쓰던 사람들이 묵상을 통해 거룩의 언어를 받아들이면 존재의 반전이 일어난다.

즉시 사울의 눈에서 비늘 같은 것이 벗어져 다시 보게 된지라 일어나 세례를 받고 즉시로 각 회당에서 예수가 하나님의 아들이심을 전파하니 행 9:18, 20

이런 변화는 존재의 반전인 동시에 본질로의 회귀가 아닌가. 그대 묵상하는 사람이여, 이제는 본래의 인간상으로 돌아오고, 근원적 언어인 신의 언어로 돌아오라. 그리하면 하나님도 그대에게로 돌아가시리라 말 3:7.

오라 우리가 여호와께로 돌아가자 호 6:1

05
신의 언어

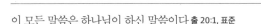

이 모든 말씀은 하나님이 하신 말씀이다 출 20:1, 표준

성경은 신의 언어로 기록되었다. 신의 언어는 신이 인간과 소통하신 언어다. 그래서 우리는 성경에서 신령한 메시지를 듣는 것이다. 성경의 참 능력을 체험하려면 성경의 권위를 인정하라. 참된 능력은 참된 권위에서 나오기 때문이다.

성경은 신화神話가 아니다. 성경은 역사책도 윤리책도 아니다. 성경은 신의 언어로 충만한 메시지다. "모든 성경은 하나님의 감동으로 된 것으로"딤후 3:16. 하나님은 성경의 저자이시다. "이 성경이 곧 내게 대하여 증언하는 것이니라"요 5:39. 예수님은 성경의 주인공이시다. "성령 그가 너희에게 모든 것을 가르치고"요 14:26. 성령은 성경의 해설자이시다. 성부가 말씀하시고창 1:3, 성자가 예증하시고 롬 5:8, 성령이 설명하시니요 15:26 어찌 이보다 더

친절하게 소통하시겠는가.

성경의 저자Author는 하나님이시다. 그러므로 모세의 유언遺言적 메시지도 신 1:5, 선지자들의 예언豫言적 메시지도 사 1:1 신의 언어를 전달한 대언代言이요 전언傳言이요 증언證言일 뿐이다.

> **모든 성경은 하나님의 감동으로 된 것으로** 교훈과 책망과 바르게 함과 의로 교육하기에 유익하니 이는 하나님의 사람으로 온전하게 하며 모든 선한 일을 행할 능력을 갖추게 하려 함이라 딤후 3:16-17

시인은 시상이 떠올라야 시를 쓰고 작가는 영감이 떠올라야 소설을 쓰듯, 모든 성경은 하나님의 감동하심이 있어서 쓰였다. "예언은 언제든지 사람의 뜻으로 낸 것이 아니요 오직 **성령의 감동하심**을 받은 사람들이 하나님께 받아 말한 것임이라" 벧후 1:21.

마치 로마서가 더디오 롬 16:22의 대필이자 사도 바울의 저술인 것과 같다. 그래서 바울은 여러 차례 대필로 쓴 서신 말미에 "친필" 고전 16:21; 살후 3:17; 골 4:18; 갈 6:11; 몬 1:19 임을 강조했다. 그것은 서체나 문체나 어조가 어떨지라도 저자는 분명함을 확증하려는 뜻이었다.

성서의 해설자Expositor는 성령이시다. 성경은 성령의 감동하심으로 쓰였고 벧후 1:21, 성령의 조명하심으로 풀어지고 고전 2:9-12, 성령의 권능을 받아야 증언하게 된다 행 1:8. 성화의 여정이 '믿음에서 믿음으로' from faith to faith, KJV, 롬 1:17 라면, 성서의 여정은 '성령에서 성령으로'다. 실로 신의 언어를 소통하는 전 과정이 성령의 역사다. 그러므로 성령은 신의 언어가 만들어 내는 이 거룩한 순환의 운영자 Operator가 되신다.

그러므로 신의 언어는 친밀감과 함께 경외감으로 대해야 한다 시 2:10. 성경말씀을 귀중히 대하고 자의로 가감하지 말라. "내가 너희에게 명령하는 말을 너희는 **가감하지 말고** 신 4:2. "내가 이 두루마리의 예언의 말씀을 듣는 모든 사람에게 증언하노니 만일 누구든지 이것들 외에 더하면 하나님이 이 두루마리에 기록된 재앙들을 그에게 더하실 것이요 만일 누구든지 이 두루마리의 예언의 말씀에서 제하여 버리면 하나님이 이 두루마리에 기록된 생명나무와 및 거룩한 성에 참여함을 제하여 버리시리라" 계 22:18-19.

물론 여전히 성서에 대한 문제 제기가 많다. 오류로 지적되는 본문들, 성경의 기적들을 과장법으로 보는 견해, 성경은 역사책일 뿐이라는 주장, 성경은 저자들의 사상과 경험의 표현일 뿐이라는 주장 등이다. 그래서 젊은 이들은 성서를 멀리하고, 지성인들은 성서를 외면하고,

공교육은 성서를 금지하기에 이르렀다. "거절당한 거룩한 책은 폐위된 왕과 같다."[10] 신학자들뿐 아니라 일반인의 성서비평도 성경해체로 가고 있다 이 부분은 제21장에서 더 자세히 다루겠다.

오늘날 그리스도인들 중에 예수는 믿지만 성서는 믿지 않는 이들이 있다. 과연 그것이 가능할까? 예수님의 성서관을 보라. 예수님은 사탄에게 시험받으실 때 기록된 말씀으로 물리치셨다 마 4:1-11. 종교 지도자들과 논쟁하실 때도 "너희가 성경도, 하나님의 능력도 알지 못하는 고로 오해하였도다" 마 22:29 라고 책망하셨다. 예수님은 바리새인들의 잘못된 성경 해석을 책망하셨지, 성경 자체가 문제가 있다고는 단 한 번도 말씀하신 적이 없다.[11] 오히려 자신이 십자가에 죽으심도 "성경을 응하게 함이니이다" 요 17:12 라고 고백하셨고, 부활하신 이후에 제자들에게 기록된 성경을 통해 하나님의 구원 섭리를 깨닫게 해 주셨다 눅 24:27, 45.

> 이르시되 미련하고 선지자들이 말한 모든 것을 마음에 더디 믿는 자들이여 그리스도가 이런 고난을 받고 자기의 영광에 들어가야 할 것이 아니냐 하시고 이에 모세와 모든 선지자의 글로 시작하여 모든 성경에 쓴 바 자기에 관한 것을 자세히 설명하시니라 눅 24:25-27

구원자 예수께서 긍정하신 성경을 당신은 신의 언어로 받아들이고 있는가? 하지만 신이 감동하셨어도 인간이 기록하고 번역하고 정경화 작업을 하지 않았는가? 게다가 성서의 모든 단어가 하나님의 직접적 영감이며 성경에는 아무런 오류가 없다고 말하는 축자 영감설, 즉 기계적 영감설은 무리한 주장 아닌가? 물론 그렇다. 그럼에도 여전히 성서 66권 전체는 하나님의 영감으로 기록된 책이다. 영감이라는 기준으로 성경을 다음과 같이 나눠 보자.[12]

첫째, 하나님의 직접적인 기록 inscription. 모세가 시내산에서 하나님께 받은 십계명은 하나님의 친필 handwriting이었다. "여호와께서 시내산 위에서 모세에게 이르시기를 마치신 때에 증거판 둘을 모세에게 주시니 이는 돌판이요 하나님이 친히 쓰신 것이더라" inscribed by the finger of God, NIV, 출 31:18. 40일 금식 중에 하나님의 친필을 받은 모세는 얼굴에 광채까지 났는데, 취중에 하나님의 친필을 본 벨사살왕은 얼마나 충격을 받았겠는가 단 5:5. 사실 하나님의 친필은 영감이 아니라 하나님의 직접적인 저작이다.

둘째, 대언자들의 구술 dictation. "이는 여호와의 입이 말씀하셨느니라" 사 40:5. 선지자들은 대언자들이었다. 그래서 자기 입으로 말하면서도 "여호와의 말씀"이라고 선포했다. 예레미야 렘 23:38와 에스겔 겔 6:1을 비롯한 선지자들

뿐 아니라, 모세 출 24:4도 여호수아도 수 3:9 매한가지였다. 음성적으로는 전언이요 문자적으로는 구술이었다. 전언자 herald가 왕의 친서를 백성에게 낭독하면 그것은 전언자의 말이 아니라 어명 御命인 것이다.

셋째, 성령의 영감 inspiration. 성경이 말하는 "하나님의 감동" inspiration of God, KJV, 딤후 3:16은 '호흡, 바람, 성령'을 의미한다. 성서는 사람의 기록이지만 성령의 감동하심이다. 그러므로 성령이 주도적으로 저자들의 성품, 지식, 어조, 문체를 사용하셨다. 바울의 지성, 요한의 열정, 누가의 치밀함을 사용하셨다. 사도 베드로가 바울 서신서를 언급하면서 어려운 부분이 있다고 말하지 않던가 벧후 3:15-16. 하나님의 말씀이면서도 저자에 따른 특징이 있다는 뜻이다. 그러나 하나님은 인간 저자와의 협업을 탁월하게 활용하셨다.

넷째, 저자의 창작 invention. 성경에 인간이 직접 창작한 내용이 있다. "그 나머지 사람들에게 내가 말하노니 (이는 주의 명령이 아니라)" 고전 7:12. 바울은 서신서에서 일부분 자신의 "의견" 고전 7:25을 말했다. 이로써 두 가지 사실을 알 수 있다. 첫째는 극히 일부분인 저자의 창작 외에는 하나님의 영감이라는 사실이고, 둘째는 이런 저자의 가치관과 신앙관으로 고백한 부분을 통해서도 성경은 하나님의 메시지를 말하고 있다 고전 7:40는 사실이다.

다섯째, 하나님의 개입 intervention. 성경에 하나님의 마음을 헤아리지 못한 사람이 이야기한 내용도 있다. "그해의 대제사장인 가야바가 그들에게 말하되 너희가 아무것도 알지 못하는도다 한 사람이 백성을 위하여 죽어서 온 민족이 망하지 않게 되는 것이 너희에게 유익한 줄을 생각하지 아니하는도다" 요 11:49-50. 그런데 이런 경우에도 역사의 주관자이신 하나님께서 직접 개입하셔서 하나님의 메시지를 전하는 통로로 사용하셨다 요 11:51-52.

종합해 볼 때, 그야말로 성경은 인간의 언어를 빌린 천상의 언어다. 완전하신 하나님의 언어와 불완전한 인간의 언어가 기적적 협력을 통해 온전한 하나님의 사랑과 구원의 메시지를 소통하는 책이다. 앞에서 살펴본 대로 성경의 그 어느 부분도 영감에 해당하지 않는 부분이 없다. 성경은 인간의 장점뿐 아니라 단점도 사용하고, 인간 언어의 계시성과 더불어 역사성을 사용하며, 인간 언어의 오류와 불일치에도 불구하고 놀랍도록 온전한 메시지를 전달하고 있다. 이는 모든 것을 합력하여 선을 이루시는 하나님의 걸작품이다 롬 8:28.

어떻게 이런 일이 있을 수 있는가? 왜냐하면 성경말씀은 그냥 단어들이 아니고 그냥 문장들이 아니기 때문이다. 성경말씀은 하나님의 숨결이요, 그리스도의 핏방울이요, 성령의 기름 자국이다. 익숙한 언어로 계시된 신비의 언어요, 땅의 사건을 통해 드러나는 하늘의 사건이다. 우리를 이 놀라운 신의 언어에 저자와 독자와 증인으로 동참시켜 주신 것 자체가 은혜 아닌가. 우리는 신의 언어의 참여자partaker요 동역자coworker가 되었다.

그러므로 신의 언어인 성경을 마주하고도 하나님을 대면하지 못했다고 말한다면요 14:9 부활의 주님을 마주하고도 동산지기인 줄로만 알았던 마리아와 같지 않겠는가요 20:15.

21세기는 영성spirituality의 세기다. 고도의 물질문명 속에서 인류는 깊은 영적 목마름에 시름하고 있다. 혼합 종교와 뉴에이지 운동, 명상과 자기 수련을 기웃거리고 종교화된 과학 숭배와 쾌락 숭배 및 절대화된 무신론에도 의지해 보지만 영적 해갈을 기대할 수 없다. 왜냐하면 영원히 목마르지 아니하는요 4:14 생수의 근원은 돌로 막아 놓고 성경은 절대로 신의 언어일 수 없다고 덮어 버리고 터진 웅덩이들만 찾아다니고 있기 때문이다렘 2:13.

신의 언어는 밭에 감추인 보화다마 13:44. 이렇게 가까이에 있는 보화를 알아보지 못하다니! 성경을 신의 언어로 신뢰하고 이 거룩한 책을 읽을 때에 간절히 기도하라. "성령님, 임재하사 성경의 저자들이 경험했던 동일한 감동을 주사 당신의 언어의 세계를 열어 주소서."

하나님의 말씀이 빈 들에서 사가랴의 아들 요한에게

임한지라 눅 3:2

　　말씀이 임하는 체험, 그것은 밖에서부터 들려오는 말
씀이 아니라 내 안에서 울리는 말씀 체험이다. 이것이야
말로 본래 성경이 기록된 의미와 방식 그대로를 체험하
는 성경 읽기다. 이때 신의 언어는 살아 움직이는 실재
가 된다. 인간과 사물, 시간과 역사, 세상의 모든 것은 신
의 언어를 따라 존재하고 이어지고 완성되기 때문이다
롬 11:36.

06
말씀의 육화

여호와께서 말씀하신 대로 이루시도다 **왕상 8:20**

말에는 힘이 있다. 말한 대로 세상이 움직여 가기 때문이다. 다만 인간의 언어는 그대로 이루어지지 않는 일이 많아서 영혼의 분열과 존재의 허무와 관계의 갈등을 일으킨다. 하지만 신의 언어는 예외 없이 말씀하신 그대로 이루어지기에, 과연 "능력의 말씀"히 1:3이다.

언어言語는 내용과 형식, 의미와 상징으로 구성되어 있다. 그중에 언어의 본질은 의미다. 소리나 문자라는 형식은 의미를 전달하기 위한 도구일 뿐이다. 그런데 단순한 글자들의 배열로 보이는 신의 언어가 의미한 그대로를 다 성취하기에 놀라울 따름이다.

인류의 역사는 창조부터 종말까지 말씀대로 이루어진 역사다. 어떻게 창조와 보존, 구속과 성화, 심판과 완성이 다 말씀대로 이루어지는가? 그것은 전능하신 하나님의 뜻대로 모든 것이 이루어지기 때문이다.

> 내 입에서 나가는 말도 이와 같이 헛되이 내게로 되돌
> 아오지 아니하고 나의 기뻐하는 뜻을 이루며 내가 보낸
> 일에 형통함이니라 사 55:11
> 나의 뜻이 설 것이니 내가 나의 모든 기뻐하는 것을 이
> 루리라 사 46:10

절대자 하나님은 "자기 뜻대로 행하"시는 분이다 단 4:35.
그러므로 하나님이 그분의 중심 가운데 있는 충만한 뜻
을 말씀하실 때 그 말씀대로 이루어지지 않을 수 없다. 천
지만물도 말씀대로 존재하게 되었고 창 1:3, 열조의 역사도
롬 4:18 열왕의 역사도 왕상 2:24 "말씀대로" 이루어졌으며, 나
라들의 흥망성쇠도 하나님의 "뜻대로" 이루어졌다 단 4:17.
구원도 그분의 "뜻대로 행하는 자라야" 받으며 마 7:21 우
리가 하나님의 자녀 된 것도 "그 기쁘신 뜻대로" 이루어
진다 엡 1:5. 천상에 올라가 보좌 앞에 있는 이십사 장로들
이 찬양하는 소리를 들어 보라. "주께서 만물을 지으신지
라 만물이 **주의 뜻대로** 있었고 또 지으심을 받았나이다"
계 4:11.

대저 하나님의 모든 말씀은 능하지 못하심이 없느니라

마리아가 이르되 주의 여종이오니 **말씀대로** 내게 이루

어지이다 하매 눅 1:37-38

일단 그분의 입에서 나온 말씀은 구체화되고 형상화

되고 육화되지 않고는 사라지지 않는다. 천지는 없어져도

하나님의 말씀은 사라지지 않고 그 말씀이 성취되기까지

보존되기 때문이다. 그 누구도 그 무엇도 신의 언어를 취

소하거나 번복할 수 없다. "나는 내 언약을 깨뜨리지 않으

며, 내 입으로 말한 것은 고치지 않는다" 시 89:34, 표준.

인류 역사 가운데 말씀의 육화 현상은 편만하게 나타

난다.

첫째, 창조 가운데 나타난다. 성부 하나님은 말씀으로

만물을 창조하셨다. "하나님이 이르시되…" 창 1:3, 6, 11, 14,

20, 24, 26. 7일간의 모든 창조는 예외 없이 말씀으로 이루

어졌다. 손도 도구도 아닌 말로 창조한다는 것이 기이한

가? 인간의 제조, 건축, 소설, 예술도 다 말한 대로 이루어

지지 않는가. 그러나 창작자의 말대로 되지 않을 때 고뇌

에 빠지고, 창작자가 말한 "그대로" 되었을 때 창 1:7, 11, 15,

24 보기에 좋은 법이다 창 1:10, 12, 18, 21, 25, 31.

말이 씨가 된다. 언어는 존재와 사건을 만들어 내는

생명의 뿌리다. 유전자라는 작은 씨앗에서부터 인간이 탄

생하고, 알곡의 작은 씨앗에서 풍성한 곡식이 나오며, 거

대한 제국이 하룻밤의 꿈에서 시작되고, 장엄한 오라토리오가 악상 하나에서 시작되듯 이 광대한 우주와 인류는 성경책 한 줄에서, 신의 언어 한마디에서 시작되었다. "하나님이 생명을 창조할 때 사용한 언어"[13]가 인간의 지성과 감성과 의지에 충만하고 사지와 모든 장기 및 세포 하나하나에까지 충만하다. 이 생명의 언어는 저 푸른 궁창과 저 대양 산호섬과 최고의 산맥들과 폭포수들 가운데 장엄한 노래를 부르며, 자그마한 일개미로부터 세상에서 가장 큰 생명체인 흰수염고래에 이르기까지 그 언어의 정밀함과 광대함과 탁월함을 드러낸다.

실로 신의 언어에서 각각의 "형체"고전 15:38를 얻게 된 자연은 창조주를 계시한다. "창세로부터 그의 보이지 아니하는 것들 곧 그의 영원하신 능력과 신성이 그가 만드신 만물에 분명히 보여 알려졌나니"롬 1:20. 작품에는 작가의 혼이 깃들어 있고 자연에는 창조주의 언어가 깃들어 있다. 그래서 "하늘은 기뻐하고 땅은 즐거워하며 바다와 거기에 충만한 것이 외치고" 찬양한다 시 96:11. 자연은 창조주의 존재와 능력과 성품을 소통하고 있다.

자연이라는 영역에 "언어"라는 개념이 낯선가? 발람이 하나님의 뜻을 거역하고 길을 가자 나귀가 입을 열어 말했고 민 22:28, 바리새인들이 "호산나" 외치는 사람들을 막으려고 하자 주님이 말씀하기를 "이 사람들이 침묵하면 돌들이 소리 지르리라"눅 19:40 하셨다. 과연 하나님은 떨기나무 불꽃 가운데 말씀하시고 출 3:4, 폭풍우 가운데 말씀하시며 욥 38:1, 요나를 삼키도록 큰 물고기에게 말씀하신 욘 2:10 하나님이다.

둘째, 하나님은 창조된 세상을 말씀으로 보존하고 경영하신다. "그의 능력의 말씀으로 만물을 붙드시며"히 1:3. 하나님은 "음성"으로 눈과 비를 내리고 구름과 번개를 만들며 욥 37:5-15, 바다와 땅의 경계선을 유지하신다 욥 38:11. 그러므로 역설적으로 인간은 자연 속에서 초자연을 느낀다. 그 속에 창조주요 경영자이신 하나님의 음성이 있기 때문이다. 예술과 영성이 상통하는 이유는, 예술은 피조물의 아름다움을 노래하고 영성은 창조주의 아름다우심을 노래하기 때문이다. 예술의 극치는 영적이 되고, 영성의 극치에서 "시와 찬송과 신령한 노래들"이 나온다 엡 5:19. 그래서 시가서에 예언들이 나오고, 예언서는 운문으로 쓰였다.

> 하늘이 하나님의 영광을 선포하고 궁창이 그의 손으로 하신 일을 나타내는도다 날은 날에게 말하고 밤은 밤에게 지식을 전하니 언어도 없고 말씀도 없으며 들리는 소리도 없으나 그의 소리가 온 땅에 통하고 그의 말씀이 세상 끝까지 이르도다 … 여호와의 율법은 완전하여

영혼을 소성시키며 여호와의 증거는 확실하여 우둔한
자를 지혜롭게 하며 여호와의 교훈은 정직하여 마음을
기쁘게 하고 여호와의 계명은 순결하여 눈을 밝게 하시
도다 … 나의 반석이시요 나의 구속자이신 여호와여 내
입의 말과 마음의 묵상이 주님 앞에 열납되기를 원하나
이다 시 19:1-4, 7, 14, 다윗의 시

시인이요 예언자였던 다윗은 선포한다. 언어가 없던
태초에 신의 언어로 시간과 천지와 만물이 창조되었으
며 이런 비언어적 작품들이 작가이신 창조주의 언어를
계시하고 있다 1-6절. 여기서 멈추지 않고 창조주는 성경
의 언어를 통해 인간을 구원하는 메시지를 계시하고 계
신다 7-10절. 하나님께서 자연과 성경이라는 두 세계를 통
해 그분의 진리를 메아리치게 하시니, 한가운데서 듣고
있는 다윗은 자신의 말과 묵상, 즉 존재의 모든 언어도
신의 언어와 화음을 이루기 원한다고 고백할 수밖에 없
지 않은가 11-14절!

셋째, 말씀의 육화는 구속 가운데도 나타난다. 인간과
자연 만물이 신의 언어로 육화 肉化 되었는데도, 인간이 불
순종함으로 신의 언어의 탈육화 脫肉化 를 경험하게 되었
다. 하나님의 신이 인간을 떠나시고 창 6:3 인간은 육체로
전락하고 말았다. 그런 인간에게 신의 언어를 회복하고

신과의 소통을 복구하고자 성자가 임하셨다.

그런데 놀랍게도 성자가 "사람의 모양으로" 나타나사 빌 2:8 인자가 되셨다 단 7:13. 창조의 주체요 말씀의 본체이신 그분 자신이 피조물이 되셨다! 이것이 성육신incarnation의 신비다. "말씀이 육신이 되어 우리 가운데 거하시매 우리가 그의 영광을 보니 아버지의 독생자의 영광이요 은혜와 진리가 충만하더라" 요 1:14.

인간이 육체로 전락하여 절규할 때 천상에 계시던 성자가 우리와 같은 육체를 입고 이 절망의 땅에 오셔서 "모든 육체가 하나님의 구원하심을 보리라"라는 말씀을 이루셨다 눅 3:6. 이 구원의 주님이 바로 그대를 창조하신 생명의 주님이시다 요 11:25.

넷째, 말씀의 육화는 성화 가운데도 나타난다. 말씀이신 그리스도는 창조자요 구원자가 되실 뿐 아니라 삶의 모범이 되신다. 예수님은 육체를 입은 인간일지라도 말씀으로 충만하여 말씀에 전적으로 순종하면 얼마나 놀라운 인생이 되는지를 보여 주신 성화의 모델이시다.

인간은 말씀에 불순종한 이래로 육신 안에 사망의 열매만 맺어 오다가, 구원받은 이후로 다시금 창조의 원형대로 살 수 있는 길이 열렸다. 인간 영혼의 두 가지 영적 유전자인 말씀과 성령을 채움으로써 비로소 진정한 의미에서 인간다운 거룩한 삶이 가능해졌다.

주님의 언어가 내주하는 사람은 그 음성에 반응하지 않을 수 없기 때문이다. 성경이 질문하면 우리는 대답하고, 성경이 명령하면 우리는 순종하고, 성경이 경고하면 우리는 회개하고, 성경이 고백하면 우리도 고백하게 된다. 결국 창조도 구원도 성화도 말씀에 대한 순종의 결과요 말씀의 성육신의 역사다.

"너희 몸은 너희가 하나님께로부터 받은 바 너희 가운데 계신 성령의 전인 줄을 알지 못하느냐"고전 6:19. 이제 성도의 몸은 말씀으로 돌아가야 한다. 매일 삶의 현장에서 말씀의 성육신을 이루는 일에 헌신해야 한다. 세상 시류에 따라 몸을 상품화하거나 물질화하는 저급한 오류와 죄악을 의연히 거부해야 한다.

다섯째, 말씀의 육화는 최후의 심판 가운데도 나타난다. 언어는 추상적이고 사물은 구체적인가? 물론 인간의 언어는 탈육신적discarnate이지만 신의 언어는 성육신적incarnate이다. 왜냐하면 신의 언어는 모든 말씀이 개념인 동시에 실재이기 때문이다. 최후의 심판에 대한 성경의 말씀도 단순한 경고의 메시지가 아니라 그대로 이루어질 말씀이다.

사람이 내 말을 듣고 지키지 아니할지라도 내가 그를 심판하지 아니하노라 내가 온 것은 세상을 심판하려 함이 아니요 세상을 구원하려 함이로라 나를 저버리고 내 말을 받지 아니하는 자를 심판할 이가 있으니 곧 **내가 한 그 말이 마지막 날에 그를 심판하리라** 요 12:47-48

두렵고 떨리는 말씀이 아닐 수 없다. 말씀에 순응하면 구원이요, 순응하지 않으면 심판이다. 합격의 조건은 동시에 불합격의 조건이 되는 법이다. 심판하시는 주께서 매정하신 것이 아니다. 주님은 한없이 자비로운 구원의 기준을 주셨지만, 그것을 거부함이 심판을 초래할 따름이다. 마지막 심판은 일점일획 그대로 모두 실제가 될 것이다 마 5:18.

마지막으로, 말씀의 육화는 구원의 완성에도 나타난다. 부활은 육체의 부활이다. 성도들은 영혼뿐 아니라 육체가 부활의 영광체가 될 것이다. "나팔 소리가 나매 죽은 자들이 썩지 아니할 것으로 다시 살아나고 우리도 변화되리라" 고전 15:52.

만물을 형상화하는 신의 언어는 생명의 언어, 권위의 언어, 사랑의 언어다. 그 안에는 완성하시기까지 멈추지 않는 하나님의 생명력이 충만하고, 말씀하신 그대로 이루시는 하나님의 권위가 충만하고, 영원과 시간의 경계선을 넘어 다가오시는 하나님의 사랑이 충만하기 때문이다.

성부는 말씀으로 창조하셨고, 성자는 말씀이 육신이

되어 오셨고, 성령은 말씀을 마음에 새겨 렘 31:33 성화를 이루신다. 삼위 하나님은 창조부터 종말까지 언어의 육화를 이루어 가신다. 이 얼마나 완전한 언어인가 시 19:7!

내가 보니 모든 완전한 것이 다 끝이 있어도 주의 계명들은 심히 넓으니이다 시 119:96

07
언어의 창조

여호와께서 그에게 이르시되 누가 사람의 입을 지었느냐 출 4:11

인간은 하나님의 형상으로 창조되었다 창 1:27. 이는 하나님의 공의, 사랑, 긍휼, 자비, 선함을 닮았을 뿐 아니라 삼위 하나님 안에 있는 언어적 소통과 조화도 닮았다는 뜻이다. 하나님이 언어적 존재이시기에 하나님의 형상들도 언어적 존재가 되었다.

하나님께서 모세를 바로에게 보내겠다고 부르시자 그는 "오 주여 나는 본래 말을 잘하지 못하는 자니이다" 출 4:10라고 말하며 자신은 언어적인 존재가 아니라고 항변했다. 그러자 이번에는 하나님이 항변하셨다. "여호와께서 그에게 이르시되 누가 사람의 입을 지었느냐 누가 말 못하는 자나 못 듣는 자나 눈 밝은 자나 맹인이 되게 하였느냐 나 여호와가 아니냐 이제 가라 내가 네 입과 함께 있어서 할 말을 가르치리라" 출 4:11-12.

제사장 사가랴가 천사가 전한 기쁜 소식을 듣고도 불신의 말을 내뱉자 신의 계시를 전언한 천사는 당혹스러워하며 말했다. "보라 이 일이 되는 날까지 네가 말 못하는 자가 되어 능히 말을 못하리니"눅 1:20. 인간에게 말할 수 있는 능력을 주시는 분도 거두시는 분도 하나님이시다. 하나님은 언어의 창조주이시요 언어의 주관자이시다.

언어란 무엇인가? 내적 본질인 의미, 감정 및 의지의 표현이요, 존재 간 소통을 가능하게 하는 통로다. 그리고 그 소통이 정보 전달을 넘어 동심同心, 동감同感, 동의同意에 이르면 상호 조화에서 흘러나오는 순전한 기쁨을 경험하게 된다. 마음과 마음이 통하는 이심전심以心傳心의 기쁨은 깊은 언어적 소통을 통한 교제 공동체만이 경험하는 복이다.

태초부터 있는 **생명의 말씀**에 관하여는 우리가 들은 바요 눈으로 본 바요 자세히 보고 우리의 손으로 만진 바라 이 생명이 나타내신 바 된지라 이 영원한 생명을 우리가 보았고 증언하여 너희에게 전하노니 이는 아버지와 함께 계시다가 우리에게 나타내신 바 된 이시니라 우리가 보고 들은 바를 너희에게도 전함은 너희로 우리와 사귐이 있게 하려 함이니 우리의 **사귐**은 아버지와 그의 아들 예수 그리스도와 더불어 누림이라 우리가 이것을

씀은 우리의 **기쁨이 충만하게** 하려 함이라 요일 1:1-4

앞 장에서 언급했듯이, 언어의 불일치와 부조화는 '영
혼의 분열과 존재의 허무와 관계의 갈등'을 일으킨다. 반
면 언어의 일치와 조화는 존재의 뜨거운 합일, 즉 사랑의
관계에서 솟아나는 충만한 기쁨을 일으킨다. 예수님은 이
점을 포도나무 비유로 설명해 주셨다.

> 내가 아버지의 계명을 지켜 그의 사랑 안에 거하는 것
> 같이 너희도 **내 계명**을 지키면 **내 사랑** 안에 거하리라
> 내가 이것을 너희에게 이름은 내 기쁨이 너희 안에 있
> 어 너희 기쁨을 충만하게 하려 함이라 요 15:10-11

예수님은 계명을 지키는 것을 순종이 아니라 사랑이
라고 표현하셨다! 나의 전인격이 온전히 공감하여 신의
언어를 받아들이는 것, 그것은 아름다운 존재의 일치 체
험이요 사랑이다. 사랑하면 그 사람의 모든 언어가 내게
소중해지고 내게 각인된다. 예수님은 신의 언어를 수용하
는 것을 종교적 책임이라 하지 않으시고 사랑에 빠지는
것이라고 하셨다. 그리고 사랑에 빠진 존재는 충만한 기
쁨 가운데 많은 열매를 맺게 된다 요 15:5.

신의 언어를 통해 존재의 충만한 기쁨을 경험한 인간

은 동일하게 인간의 언어를 통해서도 충만한 기쁨을 경험할 수 있게 되었다. 그것이 첫 번째 사람 아담이 경험한 기쁨이었다. 오늘날 향락에 빠진 인류가 상실한 진정한 기쁨을 회복하는 길이 여기에 있다.

처음으로 언어를 사용한 사람은 아담이었다. "아담이 각 생물을 부르는 것이 곧 그 이름이 되었더라"창 2:19. 인간의 첫 언어가 모든 동물의 존재를 규정하게 되다니 얼마나 놀라운 지혜인가. 또한 아담은 이 창조적인 작업을 통해 넘치는 기쁨을 경험했으리라.

두 번째 언어를 사용한 사람도 아담이었다. "이는 내 뼈 중의 뼈요 살 중의 살이라 이것을 남자에게서 취하였은즉 여자라 부르리라"창 2:23. 이 고백은 존재의 조화를 통해 사랑의 공동체를 세운 충만한 기쁨의 표현이었다. 인간의 언어 사용의 첫 두 번이 모두 창조에 대한 감탄이었고, 존재의 의미를 규정하는 언어 작업이었다.

본래 이런 인간의 언어 사용은 하나님의 음성을 듣는 데서 시작되었다. "하나님이 자기 형상 곧 하나님의 형상대로 사람을 창조하시되 남자와 여자를 창조하시고 … 하나님이 그들에게 이르시되 생육하고 번성하여 땅에 충만하라, 땅을 정복하라, 바다의 물고기와 하늘의 새와 땅에 움직이는 모든 생물을 다스리라 하시니라"창 1:27-28. 하나님이 인간에게 들려주신 첫 번째 음성은 인간이 관계적 존재임을 알려 주시는 음성이었다. 인간은 하나님의 형상이요 동시에 만물의 영장이다.

인간이 청자listener로서 두 번째 언어를 접한 것은 규범에 대한 것이었다. "여호와 하나님이 그 사람에게 명하여 이르시되 동산 각종 나무의 열매는 네가 임의로 먹되 선악을 알게 하는 나무의 열매는 먹지 말라 네가 먹는 날에는 반드시 죽으리라 하시니라"창 2:16-17. 하나님은 할 것과 하지 말 것, 축복과 저주, 명령과 금지라는 언어의 양날을 말씀해 주셨다.

언어적 존재가 된 인간은 중요한 특성을 갖게 되었다. 그것은 관계와 규범이다. 언어적 존재가 된다는 것은 관계적 존재가 된다는 뜻이고 규범적 존재가 된다는 뜻이다. 하나님은 인간이 규범과 질서를 지킴으로 조화로운 관계를 세우도록 창조하셨다.

또한 하나님께서 말씀으로 세상을 창조하셨듯이, 사람도 지혜와 감성과 의지가 담긴 언어로 세상을 만들어 간다. 그리고 하나님께서 인간과 만물의 의미를 규정하신 것처럼, 인간도 타인과 세상의 의미를 규정한다. 우주의 별들과 산속에 핀 꽃, 새롭게 발견된 태풍, 처음으로 나타난 사회현상까지 모든 것을 인간의 언어로 정의한다. 우리는 창조와 정의正意의 언어적 작업을 통해 관계와 규범을 만들어 가며 하나님의 일하심에 동참하고 있다창 1:28.

신이 인간에게 부여해 주신 언어에는 놀라운 힘이 있다. 만물의 영장인 인간의 말에 힘이 있고 창 2:19, 부모의 말에 힘이 있고 창 49:1, 지도자의 말에 힘이 있다 신 33:1. 그러나 이 모든 언어의 궁극적인 힘은 창조주의 언어의 힘 창 1:3 에서 비롯된 것이니, 인간의 언어는 신의 언어를 떠나서는 온전할 수 없다. "우리 입술은 우리 것이니 우리를 주관할 자 누구리요" 시 12:4 라고 말할 수 없다.

인간 언어의 시작과 완성은 신의 언어에 있다. 그러므로 그 언어를 받아들일 것인가 말 것인가 고민하는 것은 어불성설이다. 자녀가 부모의 존재를 부정한들 그 존재가 사라지는가? 사람이 벌판에 누워 하늘을 바라보면서 하늘 아래 있을까 말까를 결정할 수 있는가? 인간이 시간 안에 존재하면서 영원을 받아들일까 말까 결정할 수 있는가? 우리는 영원에서 왔고, 영원 안에 존재하고, 영원으로 돌아갈 것이다.

자연은 초자연에서 나왔고 초자연으로 돌아가며, 시간은 영원에서 나왔고 영원을 향해 마지막 전력 질주를 하고 있다. 그리고 그대도 영원의 문 앞에 서게 될 것이다. 부디 영원의 문턱에서 듣게 될 언어가 난생처음 듣는 언어가 되지 않기를! 아직 그대에게 시간이 주어져 있는 지금, 신의 언어가 외국어가 아닌 모국어임을 알게 되기를!

그대여, 신의 언어를 품으라. 아니 그대 자신을 신의 언어의 대양 안에 잠기게 하라. 세상 속에서 말씀대로 사는 것이 어려운 일이 아니다. 말씀에서 출발하여 말씀으로 돌아갈 우리가 말씀대로 살지 않는 삶이 진정 고통스러운 법이다. 신의 언어는 우리를 간섭하려는 것이 아니라 우리를 자유롭게 하려는 것이다 막 5:7-8.

하나님은 소통의 원조Originator이시고, 예수님은 소통의 대가Master이시며, 성령님은 소통의 인도자Facilitator가 아니신가. 삼위 하나님이 그 충만한 기쁨의 대화 가운데 당신을 초대하고 계신다. 아무런 장벽 없이 사랑의 대화를 나누시던 동산으로 다시 부르고 계신다. 이제 포도원을 허무는 작은 여우를 잡고, 신의 언어의 동산에서 만나자.

우리를 위하여 여우 곧 포도원을 허는 작은 여우를 잡으라 우리의 포도원에 꽃이 피었음이라 아 2:15

08

언어의 타락

혀는 … 쉬지 아니하는 악이요 약 3:8

인간의 언어는 악의 언어로 전락했다. 영원에서 영원까지 신의 언어와 잇대어 있던 생명의 끈이 떨어지자 인간의 언어는 세속의 언어로 추락했다. 그러자 인간의 언어에 충만하던 생명과 권위와 사랑은 소멸되고 파멸과 반항과 증오가 가득하게 되었다. 언어의 타락은 인간의 타락 때문이고 마음의 타락 때문이다.

하나님을 알되 하나님을 영화롭게도 아니하며 감사하지도 아니하고 오히려 그 생각이 허망하여지며 미련한 마음이 어두워졌나니 롬 1:21

왜 인간의 마음이 어두워졌는가? 어둠의 언어를 흡입했기 때문이다. "너희가 그것을 먹는 날에는 너희 눈이 밝아져 하나님과 같이 되어 선악을 알 줄 하나님이 아심이니라"창3:5. 뱀의 꾀에 속아 신 존재를 거부한 것 자체가 인간의 타락이자 추락이다. 인간은 하나님과 같은 수준으로 승화昇華, upgrade 되기를 바랐지만, 뱀과 같은 수준으로 악화惡化, degrade 되었다. 뱀은 독으로 가득한 혀를 날름거리며 하와에게 거짓의 언어를 쏟아 냈는데, 그 말대로 선악과를 따 먹는 순간 인간의 혀에도 독이 가득하게 되었다.

> 그들이 마음속으로 악을 꾀하고 싸우기 위하여 매일 모이오며 뱀같이 그 혀를 날카롭게 하니 그 입술 아래에는 독사의 독이 있나이다 시 140:2-3

이제 인간의 언어는 신의 언어가 아닌 뱀의 언어가 되고 말았다. 끔찍한 일이 아닌가. 진리의 언어는 미혹의 언어가 되었고창 3:3, 신뢰의 언어는 두려움의 언어가 되었으며창 3:10, 사랑의 언어는 정죄의 언어가 되었고창 3:12, 축복의 언어는 저주의 언어가 되었고창 3:17, 생명의 언어는 사망의 언어가 되었다창 3:19. 결국 인간의 언어는 고통의 언어가 되었고 가시 돋친 언어, 무질서한 언어가 되었다창 3:18.

이때부터 언어는 불통이 되고, 공감력이 떨어지고, 한 입에서 찬송과 저주가 나오게 되었다약 3:10. 저주와 불안과 불신이 인간의 언어 안에 가득하게 되었다.

아담과 하와는 속아서 악한 언어에 빠졌지만, 가인은 신에 대한 반항으로 악한 언어에 빠졌다. 모순적이게도 아들을 '얻다'라는 긍정의 의미였던 "가인"은 창 4:1 살인자가 되고, '허무'라는 의미의 "아벨"은 예배자가 되었다.

가인의 언어는 이미 신의 언어에서 너무나 멀어진 채 뱀의 언어와 동화되어 있었다. 그것은 정직의 언어가 아닌 거짓의 언어였고, 순종의 언어가 아닌 반항의 언어였으며 창 4:9, 회개의 언어가 아닌 자기연민의 언어였다 창 4:13. 그런데 가인의 계보에 나오는 라멕의 언어는 더 심각한 악인의 언어가 되어 있었다 창 4:23-24. 가인의 후손들은 물질과 문화와 문명의 화려함을 다 누렸지만,[14] 언어의 타락은 돌이킬 수 없는 지경이었다.

어떻게 생명의 언어가 이렇게 빨리 죽음의 언어가 되었는가! 하나님의 경고를 무시했기 때문이다 창 2:17. 하나님을 무시無視하면 인간은 무지無知해진다. 인간의 죄악에 대해 경고하고 심판하시는 그분을 무서운 하나님이라고 비난하지 말라. "죄의 삯은 사망"롬 6:23이라는 경고의 음성에 각성하여, 이제는 세상의 언어에 침묵하고 신의 언어를 회복하라.

하나님이 세상을 심판하실 수밖에 없는 지경이 되었을 때 유일한 위로자로 부름 받은 노아가 창 5:29 침묵의 사람이 되지 않았는가. 아담의 족보에 등장해서 창 5:29 방주를 만들고 홍수 심판을 통과하기까지 노아의 대사는 단 한마디도 나오지 않는다. 온 세상이 악의 언어로 창궐하던 때에 노아는 120년 동안 창 6:3 묵묵히 세상의 언어에 귀를 막은 채 살았다.

사람의 말이 가시가 되어 날아오고 나의 말도 아무 힘이 없이 바닥에 뚝뚝 떨어지는 날이면, 노아처럼 잠잠히 침묵하라. 신의 언어로 충만해지기까지 입을 막고 귀를 막으라. 그래야 자신과 세상을 구원할 수 있다.

그러나 인간의 언어에 이미 뿌려진 독사의 독은 방주도 피해 가지 못했다. 함이 아버지 노아의 부끄러운 모습을 형제들에게 알렸다 창 9:22. 그것은 사실대로 말한 것이지만, 생명의 근원인 아버지를 무시하고 반항하며 조롱하는 언어였다.

결국 저주받은 함의 자손들은 시날 땅 창 10:10 에 바벨탑을 쌓았다 창 11:3 이하. 이때까지만 해도 "온 땅의 언어가 하나요 말이 하나"였다 창 11:1. 당시 인간의 언어는 문어 文語, written language 도 구어 口語, spoken language 도 하나였다. 하나님은 인간이 집단적으로 하나님의 질서에 대적하자 그분의 선물인 통일된 언어를 거두셨다.

우리가 내려가서 거기서 그들의 언어를 혼잡하게 하여

'바벨', 즉 언어의 '혼잡'confusion을 하나님께서 일으키신 것은 하나님을 대적하는 일에 언어가 사용되는 역기능으로 인해 인류 사회가 폭발하지 않도록 잠금장치를 채우신 사건이었다. 그러나 여전히 하나님은 언어 자체를 거둬 가지는 않으셨다. 언어에 기능적인 제한을 두셨을 뿐이다. 죄악 가운데 빠진 인간을 완전히 포기하지 않으신 것처럼, 하나님은 인간의 언어를 완전히 폐기하지는 않으셨다.

인류 역사에서 인간의 타락이 지속되고 가속될수록 언어의 타락도 심각해져 가고 있다.

> 기록된 바 의인은 없나니 하나도 없으며 깨닫는 자도 없고 하나님을 찾는 자도 없고 다 치우쳐 함께 무익하게 되고 선을 행하는 자는 없나니 하나도 없도다 그들의 목구멍은 열린 무덤이요 그 혀로는 속임을 일삼으며 그 입술에는 독사의 독이 있고 그 입에는 저주와 악독이 가득하고 그 발은 피 흘리는 데 빠른지라 롬 3:10-15

그러니 악인들만이 아니라 만인이 언어의 왜곡에 붙잡혀 있다. 심지어 하나님을 경외한다는 자들도 거짓의 언어에 빠져 있다. "이 백성이 입술로는 나를 공경하되 마음은 내게서 멀도다"마 15:8. 심지어 거룩한 선지자 이사야도 정직한 자기 성찰의 고백을 했다. "화로다 나여 망하게 되었도다 나는 입술이 부정한 사람이요 나는 입술이 부정한 백성 중에 거주하면서 만군의 여호와이신 왕을 뵈었음이로다"사 6:5. 제단 숯불로 그의 입에서 악을 제하고 죄를 사하지 않고는 이사야도 신의 언어를 사용할 수 없었다.

언어가 통제되면 온몸이 통제되고, 언어의 순종은 존재의 순종이 된다약 3:2-3. 이 세상 사람 그 누가 언어를 길들일 수 있겠는가? 신의 언어로 돌아가지 않고는 불가능하다.

인간 언어의 타락은 소통 불가능한 외국어가 되었다는 점에 있지 않다. 그것은 동일한 언어를 쓰면서도 온갖 역기능에 빠져 있다는 점에 있다. 사람은 자신이 말하면서도 무슨 말을 하는지 모르고, 말한 것도 잊어버리거나 지키지 못하고, 내가 원하는 말과 다른 말을 한다. 말할수록 존재는 가벼워지고 관계는 멀어지며, 말할수록 생각은 어리석어지고 마음은 상처를 입는다.

외국어가 아닌데도 상대방의 말을 이해할 수 없고, 상대도 내 말을 이해할 수 없게 되었다겔 3:5, 표준. 우리 모두는 언어적 장애에 빠지게 되었다. 그리고 이 언어적 장애로 인해 인간은 모두 존재의 외딴섬이 되었고, 생명과 사랑과 교제의 언어는 무수한 상처와 고통을 유발하는 가시와 엉겅퀴가 되어 버렸다.

이런 세상 속에서 선한 언어는 신의 독백monologue이 되었다. 어떻게 신의 언어는 찾을 수 없는 바닷속 깊은 보물이 되었는가? 언어적 존재인 인간이 어쩌면 이렇게 언어에 대한 불신을 갖게 되었는가? 무뎌진 칼을 쓰다가 자기 손만 베는 일꾼처럼, 어떻게 우리는 성서를 읽고 들으면서도 주의 마음을 알지 못하는 영적 문맹文盲이 되었는가?

세상의 거짓된 언어에 지친 그대여, 진리의 언어로 돌아가자. 인간의 언어가 망가졌으나 하나님이 완전히 닫지 않으시고 여전히 소통이 가능하게 하신 것은 돌아갈 길을 열어 놓으심이 아닌가. 그러니 눈이 안 보여도, 다리를 절더라도, 마음이 병들었을지라도 돌아가자. 우리의 언어를 치유하실 분은 그분밖에 없지 않은가.

지혜가 길거리에서 부르며 광장에서 소리를 높이며 시끄러운 길목에서 소리를 지르며 성문 어귀와 성중에서 그 소리를 발하여 이르되 너희 어리석은 자들은 어리석음을 좋아하며 거만한 자들은 거만을 기뻐하며 미련한 자들은 지식을 미워하니 어느 때까지 하겠느냐 나의 책

망을 **듣고 돌이키라** 보라 내가 나의 영을 너희에게 부

어 주며 내 말을 너희에게 보이리라 잠 1:20-23

2 | 다이얼로그
Dialogue | 만남

09
신의 만찬

주께서 내 원수의 목전에서 내게 상을 차려 주시고 시 23:5

지금까지는 원수에게 속아 주님이 차려 주신 상을 엎어 버리고 친교의 동산을 떠났다. 하지만 이제는 주 님이 다시 차려 주신 상 앞에 주님과 마주 앉아 있다. 신 의 언어는 더 이상 독백獨白, monologue이 아니라 대화對話, dialogue가 되기를 원한다.

하나님은 만찬晩餐을 준비하고 당신을 초대하신다. 종 일 수고한 영혼에게 석찬夕餐을 베풀어 주시고 삼상 16:11, 이른 아침 주린 영혼에게 따뜻한 조찬朝餐을 차려 주시고 요 21:12, 혼인 잔치를 마련하고 왕의 오찬午餐에 초대하신 다 마 22:4. 하나님은 종일 당신을 먹이시고자 이 만찬석상 에서 기다리고 계신다.

누가 이 자리에 오는가? 신의 언어에 주리고 목마른 사람들이다. "의에 주리고 목마른 자는 복이 있나니 그들이 배부를 것임이요"마 5:6. 이스라엘 백성이 주리지 않았다면 만나를 먹지 않았을 것이고, 광야에 들어오지 않았다면 주의 음성을 사모하지 않았을 것이다신 8:3. 음식 없이 생존할 수 없듯이, 사람은 인생의 광야에서 말씀 없이 생존할 수 없다.

그런데 신의 만찬석에 데려와도 많은 이가 식욕食慾이 없다. "이곳에는 먹을 것도 없고 물도 없도다 우리 마음이 이 하찮은 음식을 싫어하노라"민 21:5. 광야에서 하나님은 그 백성을 매일 만나와 메추라기로 먹이셨거늘, 그 백성은 하찮은 음식이라고 폄하했다. 왜 그랬는가? 그들의 애굽적인 식성食性 때문이었다민 11:4-5.

말씀이 맛이 없는 것이 아니라 세상 맛에 길들여진 영혼, 세상 것에 입맛이 중독된 사람은 말씀에 대한 식성 자체를 잃어버린다요일 2:15. 그래서 영적인 식이요법15이 필요하다. "오직 여호와의 율법을 즐거워"시 1:2 하고 세상 언어를 절식絶食 하라. 사방에서 쏟아지는 광고, 미디어, SNS, 사람들의 말, 세속의 소리들을 차단하라. 우리는 들리는 것이 너무 많기 때문에 정작 하나님의 음성이 안 들린다.

소리의 적막강산寂寞江山 으로 들어가라. 세상의 모든 소리를 멈추되 내면의 소리까지 고요해지면 비로소 주님의 음성이 들려온다. 그곳에서 소리의 중독을 내려놓고 참된 갈망으로 채우라. 결핍은 갈망의 전제 조건이다 시 23:1. 아침에 일어나 목이 말라 물을 찾듯이시 42:1, 한낮에 물이 없어 우물가로 나오듯이요 4:7 당신 안에 있는 말씀에 대한 갈증을 확인하라.

모든 인간에게는 말씀에 대한 갈망이 있다. 첫째, 말씀으로 창조되었기에 여호와의 입에서 나오는 말씀을 먹어야 살 수 있는 존재적인 갈망이 있다 신 8:3. 둘째, 육체로 전락한 이후 신과의 소통이 끊어졌기에 신의 음성에 대한 필사적인 갈망이 있다 삼상 28:6-7. 셋째, 자녀가 되어 주님과 교제가 열린 후로는 말씀을 더 알고 싶은 영적인 갈망이 있다 행 17:11.

> 이 물을 마시는 자마다 **다시 목마르려니와** 내가 주는 물을 마시는 자는 **영원히 목마르지 아니하리니** 내가 주는 물은 그 속에서 영생하도록 솟아나는 샘물이 되리라 … 주여 그런 물을 내게 주사 목마르지도 않고 또 여기 물 길으러 오지도 않게 하옵소서 요 4:13-15

그간 내 영혼이 왜 허기졌었는지 진단해 보라. 세상의 소리들은 우리 영혼을 혼란과 허무와 중독이라는 또 다른 결핍에 빠지게 만든다. "양식이 없어 주림이 아니며 물이 없어 갈함이 아니요 여호와의 말씀을 듣지 못한 기갈이라"암 8:11. 이제 영원한 만족을 주시는 생명 샘 언어가 있다면, 수가성 여인처럼 그 물을 내게도 달라고 요청해야 하지 않겠는가.

> 나는 너를 애굽 땅에서 인도하여 낸 여호와 네 하나님이니 **네 입을 크게 열라** 내가 채우리라 시 81:10
>
> 내가 주의 계명들을 사모하므로 **내가 입을 열고 헐떡였나이다** 시 119:131

그대의 입을 열라. 성서는 양식이다. 그대의 눈을 열라. 성서는 빛이다. 그대의 귀를 열라. 성서는 음악이다.[16] 말씀의 만찬은 내가 값을 지불한다고 사 먹을 수 없다. 다만 하나님께서 갈망하고 찾아오는 영혼에게 값없이계 21:6 풍성하게 대접해 주신다.

그래서 우리에게는 "출애굽적 결단"이 필요하다.[17] 나의 익숙한 시공간을 내려놓고 그분의 광야로 들어가자. 절대적 결핍 속에서만 절대적 의존이 가능하다. 애굽이라는 압도적 풍요를 내려놓고 광야라는 절대적 빈곤 속으로 들어가라. 당신이 집착하던 소리들, 당신이 힘들고 지칠 때 위로해 주던 소리들, 당신이 영혼의 양식으로 삼던 세상 소리들을 내려놓으라. 그리고 오직 하나님만 바라라. 그것은 내려놓음이 아니라 취함이요, 비움이 아니라 채움이다.

다만 광야는 완전히 소리가 차단된 무음 지대sound-free zone 가 아니다. 광야는 침묵silence 이 아니라 고요quietness 의 자리다. 하나님은 오늘도 당신을 소음 청정 지역noise-free zone 으로 부르신다. 세상의 오염된 소리들로부터 해방될 수 있는 곳으로 부르신다. 그리고 그곳에 주의 음성으로 충만한 신의 만찬 자리가 기다리고 있다.

광야에까지 들어와 온갖 잡념과 분심이 일어나는 이유는 아직 애굽의 소리와 욕망들이 남아 있기 때문이다. 그러나 그것조차 하나님 앞에 들고 정직하게 나아가라. 광야에까지 나왔지만 여전히 세상의 소리들이 내 안에 가득함을 고백하라잠 23:6. 광야는 정직해지는 자리다. 광야는 진실을 보여 주는 자리다.

삶은 화려해도 영혼은 누추한 애굽에 머물겠는가? 아니면 주님이 먹이시고 입히시는 광야로 나오겠는가? 새장 문이 열려 있는데도, 모이와 물 때문에 주저하지 말라. 진정한 양식을 풍족히 먹어야 앞으로 "갈 길"왕상 19:7을 감당할 수 있기 때문이다.

그렇다. 하나님의 말씀은 내 영혼의 양식이다. 단순히 생존을 위한 양식糧食이 아니라 내 영혼을 살찌울 최고의 양식良食이다. 배고픈 자에게 주어지는 식탁처럼, 주린 영혼에게 주어지는 말씀은 최고의 만찬이다.

다만 거룩한 독서가 기아에 빠진 사람이 마음 한 순갈 떠먹는 수준이 되거나 며칠째 굶은 사람이 폭식하는 수준이 되어서도 안 된다. 우리는 매일 잠을 자듯 매일 말씀으로 충전해야 하고, 매일 식사를 하듯 매일 말씀을 먹어야 하며, 매 순간 숨을 쉬듯 신의 언어로 호흡해야 한다. 이것이 일용할 양식을 먹는 삶이다.

성독聖讀을 통하여 신령한 양식을 음미하고시 1:2, 소화하고겔 3:3, 그 말씀에 동화되어렘 31:33, 능력이 나타나기까지 하라고전 2:4. 신의 언어는 지면紙面에 채우는 것이 아니라 내면內面에 채우는 것이다. 하나님의 말씀은 존재적인 것이다. 그러므로 말씀의 양식은 존재에서 존재로, 인격에서 인격으로, 생명에서 생명으로 전해지는 풍성한 식탁이다.

말씀을 계속해서 먹으면 죽은 영혼도 살아난다. 말씀의 기름과 포도주눅 10:34를 상처에 바르면 거의 죽었던 영혼도 살아난다. 이 말씀이 얼마나 놀라운 양식이요 양약인지! 주린 영혼이여, 한숨 돌릴 정도로 먹고 떠나지 말라. 응급 치료만 하지 말라. 내 영혼이 충족해질 때까지 채우라. 하나님의 말씀은 우리 영혼의 양식이요신 8:3 생명의 호흡이요딤후 3:6, 눈먼 영혼을 위한 안약이요계 3:18 병든 영혼을 수술하는 메스가 아닌가히 4:12!

이제 그대의 존재와 신의 언어 사이의 간격을 좁히라.

사랑하는 이를 품에 꼭 안듯이, 성서와의 거리를 최대한 좁히라. 갓난아기가 엄마 품에 안겨 하루에도 몇 번이고 충족해질 때까지 순전한 젖을 먹듯이벧전 2:2 조석과 주야로 성서를 낭독하는 기쁨을 누리라.

계시의 파노라마를 보기 원한다면 성경말씀을 통독하라. 계시의 정밀함을 깨닫기 원한다면 성경말씀을 공부하라. 계시의 부요함을 체험하기 원한다면 성경말씀을 묵상하라. 지식이나 교양을 위해서가 아니라 그대 영혼의 온전한 회복과 고양을 위해서 하라벧후 3:18.

하나님께서 그대의 영혼에 집중적으로 말씀을 채우시는 시즌이 있다. 그때 과하다고 말하지 말라왕하 13:18-19. 대충 담다가 멈추지 말라. 사막의 선인장이 1년에 한두 차례 오는 비를 가득 담아 두지 않는다면, 1년 내내 내리쬐는 햇빛과 열기를 어찌 감당하겠는가.

오늘날 에녹성창 4:17과 바벨탑창 11:9 같은 도시 문명이 그대 영혼의 호흡을 곤란하게 하지 않는가. 그러나 이곳에서도 풍성한 계시의 언어 속에 살아갈 수 있는 길이 있다. 아람의 군대가 둘러 진을 칠지라도 하나님의 천군천사가 호위하고 있듯이왕하 6:15-17, 세상이 그대를 압도할지라도 이보다 광대한 말씀의 방어선이 당신에게 있지 않은가!

그대 주변에 계시적 환경을 구축하라. 신의 언어는 특

별히 성서를 통해 벧후 1:21, 그리고 최종적으로 그리스도를 통해 요 5:39 계시되었을 뿐 아니라, 만물을 통해 롬 1:20, 양심을 통해 롬 2:15, 역사를 통해 행 17:26 일반적으로도 계시되어 있다.

- 하나님의 말씀을 읽고 경청하라.
  Word of God you read and listen to
- 예수님의 말씀과 생애를 묵상하라.
  Watch the words and life of Jesus
- 자연 속을 거닐며 하나님과 대화하라.
  Walk and talk with God in the nature
- 당신 양심의 소리를 경청하라.
  Welcome the voice of your conscience
- 인류의 역사를 통해서 배우라.
  Wade through the human history

애굽이라는 압도적 풍요도 아니요 광야라는 절대적 빈곤도 아닌, 절반의 풍요와 절반의 빈곤이 공존하는 가나안 땅에서 승리하려면, 풍요에 안주하지도 빈곤에 좌절하지도 않는 계시적 양식樣式의 삶을 구축해야 한다. 이것이 광야 훈련의 목적이다. 애굽에서의 노예근성을 벗고 하나님의 친 백성출 19:5-6으로 거듭나기 위한 영적 체질 개선 훈련이다.

> 소는 그 임자를 알고 나귀는 그 주인의 구유를 알건마
> 는 이스라엘은 알지 못하고 나의 백성은 깨닫지 못하는
> 도다 하셨도다 사 1:3

짐승이 자기에게 먹이를 주는 이를 주인으로 알 듯,
사람은 자신에게 의식주를 주는 세상이 주인인 줄 안다.
그대가 진정 하나님을 주님Lord으로 고백하기 원한다면
떡이 아닌 말씀으로 양식을 삼으라. 말씀이 양식이 되어
야만 의존의 대상이 바뀌고 자아 정체성이 바뀐다.

이제 영적 체질 개선이 시작된다. 달콤한 세상의 위로
로 편식偏食하지 않고, 세상의 이익과 쾌락으로 폭식暴食
하지 않으며, 생명의 말씀으로 선식選食하면 이보다 영혼
에 좋은 건강식健康食은 없다. 영적 건강이 몰라보게 달라
지면서 그대는 말씀을 순금보다 사모하고 꿀보다 즐기게
되고시 19:10, 선한 데 지혜롭고 악한 데 미련해질 것이다
롬 16:19.

> 오호라 너희 모든 목마른 자들아 물로 나아오라 돈 없
> 는 자도 오라 너희는 와서 **사 먹되 돈 없이, 값 없이** 와
> 서 포도주와 젖을 사라 너희가 어찌하여 양식이 아닌

것을 위하여 은을 달아 주며 배부르게 하지 못할 것을 위하여 수고하느냐 내게 듣고 들을지어다 그리하면 너희가 좋은 것을 먹을 것이며 너희 자신들이 기름진 것으로 즐거움을 얻으리라 사 55:1-2

선지자는 왜 "돈 없이, 값 없이 사 먹으라"고 말했는가? 그러면 값은 누가 지불했는가? 그리스도께서 십자가 위에서 이미 다 지불하셨다. 신의 언어의 본체이신 그분이 육신이 되어 우리 가운데 오사 성찬의 탁자 위에 떡과 포도주로 친히 오르셨다.

내 살을 먹고 내 피를 마시는 자는 영생을 가졌고 마지막 날에 내가 그를 다시 살리니 **내 살은 참된 양식이요 내 피는 참된 음료로다** 요 6:54-55

밥 한술에도 감사한 마음으로 기도하고, 말씀 한 구절에도 겸허한 마음으로 묵상하고, 성찬의 탁자 위에 오르신 그리스도의 떡 한 조각 포도주 한 잔에도 감격하여 경배하라. 이것은 거룩하기에 성찬聖餐이요 풍성하기에 성찬盛饌이다. 이보다 거룩하고 이보다 부요한 식탁은 지상에도 천상에도 없도다!

인자야 내가 네게 주는 이 두루마리를 네 배에 넣으며

네 창자에 채우라 하시기에 내가 먹으니 그것이 내 입

에서 달기가 꿀 같더라 겔 3:3

10
은혜와 진리

아버지의 독생자의 영광이요 은혜와 진리가 충만하더라 요 1:14

꿀처럼 단 말씀을 먹은 사람은 에스겔만이 아니다
겔 3:2. 다윗도 있고시 19:10, 시편 119편의 저자도 있다. "주
의 말씀의 맛이 내게 어찌 그리 단지요 내 입에 꿀보다 더
다니이다"103절.

하지만 주의 말씀은 꿀보다 달면서도 사자보다 강하
다 삿 14:18. 사도 요한도 같은 체험을 했다. "천사가 이르되
갖다 먹어 버리라 네 배에는 쓰나 네 입에는 꿀같이 달리
라"계 10:9. 예레미야도 유사한 체험을 했다 렘 15:16-18. 주
님이 주신 말씀의 양식이 그에게 기쁨이자 고통이었다.

입에는 꿀처럼 달지만 배에는 쓰니, 왜 그런가? 은혜
와 사랑이 충만한 말씀이라고만 생각했는데 진리와 공의
가 빽빽한 말씀이기 때문이다. 말씀의 광선 앞에 나 자신
과 시대의 적나라한 죄악과 거짓과 추함과 상처와 절망

이 다 드러난다. 고통스럽다. 그러나 진리는 사람을 정직하게 만든다. 또한 정직한 영혼만이 진리를 받아들일 수 있다.

그렇게 진리眞理는 하나님의 진심眞心을 담은 하나님의 진담眞談이다. 그래서 진리 앞에 서는 사람마다 진정성이 회복되고 진위에 대한 분별력이 생긴다.

하나님의 말씀은 진리다 요 17:17. 하나님께서 진리의 아버지이시기 때문이다 요 8:40. 말씀이 불변의 진리임은 하나님의 속성에 근거한다. "그것들은 옷과 같이 변할 것이나 주는 여전하여 연대가 다함이 없으리라" 히 1:12. 어제나 오늘이나 내일이나 영원토록 동일하신 하나님이기에, 주의 말씀은 항존恒存하는 진리다.

진리의 양식은 순간의 입맛을 돋우는 즉석 음식instant food이 아니라, 불멸의 생명을 주는 영원한 양식permanent food이다. 그런데 이 진리의 양식은 입에서는 단데 속에서는 쓰다. 우리 영혼의 처절한 죄상을 낱낱이 드러내고 곳곳을 수술하기 때문이다.

율법의 행위로 그의 앞에 의롭다 하심을 얻을 육체가 없나니 율법으로는 죄를 깨달음이니라 롬 3:20

진리의 말씀은 의를 채우기 전에 죄를 깨닫게 하는 능

력이다. 자신에 대해 철저히 절망하게 한다. 성경은 돌려서 말하거나 인본주의적 관용으로 덮어 주지 않는다. "너는 저주와 심판 아래 죽어 마땅한 죄인이다!" 그러고는 신의 수술대 위로 우리를 부른다. 그런데 말씀의 칼날이 내 영혼의 폐부를 찔러 쪼개어 고름을 빼내고, 병균을 제거하고, 상처를 봉합하여 놀랍게 살려 낸다!

> 율법이 들어온 것은 범죄를 더하게 하려 함이라 그러나 죄가 더한 곳에 은혜가 더욱 넘쳤나니 롬 5:20

이것이 말씀의 양날이다. 진리는 내가 죄인임을 알게 하고 은혜는 이 죄인을 구원해 준다. 심판의 날에 구원이 임하고, "화로다"사 6:5 절규하는 영혼 위에 복이 임한다. 신의 언어는 진리와 은혜의 양날이요, 보응과 용서시 99:8의 언어요, 죄인이라 진단하고 의인으로 완치하는 말씀이다. "건강한 자에게는 의사가 쓸 데 없고 병든 자에게라야 쓸 데 있느니라 … 나는 의인을 부르러 온 것이 아니요 죄인을 부르러 왔노라"마 9:12-13.

신의 만찬석 위에 오르신 성자 안에 왜 은혜와 진리가 충만할까요 1:14? 주가 지신 십자가야말로 죄악의 차가운 현실과 은총의 뜨거운 사랑의 결정체이기 때문이다. "십자가의 도"고전 1:18가 최고의 능력이 되는 이유도 이것이 은혜와 진리의 완벽한 교차점이요 정점이기 때문이다. 우리는 성서를 읽으면서 두 가지 체험을 한다. 참혹한 십자가를 관통하며 지옥을 경험하고, 영광스런 부활의 빛 가운데 천국을 경험한다.

이런 성경 읽기의 양면적 체험은 지성소 체험이다. 지성소는 대제사장도 흠이 보이면 죽는 두려운 자리이지만, 놀라운 은혜의 자리다. "거기서 내가 너와 만나고 속죄소 위 곧 증거궤 위에 있는 두 그룹 사이에서 내가 이스라엘 자손을 위하여 네게 명령할 모든 일을 네게 이르리라" 출 25:22. 지성소의 '속죄소'히. 카포레트, 죄를 덮다, cover over sin 가 곧 '시은좌'mercy seat 다. 진리의 말씀 앞에서 인간의 모든 죄가 적나라하게 드러나기에 속죄소贖罪所 이지만 동시에 하나님이 우리를 자녀로 만나 주시기에 시은좌施恩座 가 되는 것이다.

지성소의 모습은 에덴동산과 같다. 에덴은 신과 인간의 친교의 동산이었지만 "그룹들과 두루 도는 화염검" 창 3:24, 한글이 그 길을 지키게 되었잖은가. 친교를 바라시되 죄악을 용납하실 수 없는 레 16:2 하나님은 친밀한 교제와 거룩한 성별을 함께 원하신다.

여호와를 경외함으로 섬기고 **떨며 즐거워할지어다**

시 2:11

신의 언어를 계속 섭취하다 보면, 내 영혼에 균형이 잡힌다. 하나님이 좋다고 마냥 들뜨거나 하나님이 두렵다고 한없이 위축되지 않는다. 진리는 우리를 겸손하게 하고 은혜는 우리를 담대하게 한다. 은혜의 음성에 도취되어 방종하면 진리의 주님이 오셔서 통회하게 하시고, 진리의 음성에 붙잡혀 눈물로 회개하면 은혜의 주님이 오셔서 안아 주신다 요일 1:9.

> 미쁘다 모든 사람이 받을 만한 이 말이여 그리스도 예수께서 **죄인을 구원하시려고** 세상에 임하셨다 하였도다 **죄인 중에 내가 괴수니라** 딤전 1:15

이 한 구절에 신의 언어의 양면이 보색 대비처럼 드러난다. "나는 죄인의 괴수요 주님은 나의 구원자이시라." 인간의 업보 業報, karma[18]대로라면 여지없이 나는 지옥행이다. 그러나 하나님의 은혜 恩惠, charisma가 나를 지옥 밑바닥에서 천상의 보좌로 비상하게 한다.

최고의 진리는 은혜다. 결국 모든 것의 마지막 정답은 은혜다. 공의는 무엇이 잘못되었는지 보여 주지만, 사랑은 그 어그러진 것을 회복시켜 준다. 우리 영혼을 살리는 힘은 율법이 아니라 복음임을, 성경이 증언하고 믿음의 선조들이 증언한다.

은혜와 진리 —

《천로역정》의 주인공 크리스천은 해석자의 손에 이끌려 한 넓은 객실에 이른다. 온통 먼지투성이인 방을 하인이 쓸기 시작하자 오히려 먼지로 질식할 정도가 된다. 그때 옆에 있는 소녀가 물을 뿌리자 먼지가 가라앉고 방은 말끔히 청소된다. 먼지 가득한 방은 부패한 인간의 마음이요, 그 방을 쓸던 하인은 율법이요, 물을 뿌린 소녀는 복음을 의미한다. 율법은 죄를 드러낼 뿐이지만, 복음은 죄인을 새롭게 하는 능력이다.[19]

영혼의 양식을 먹는 그대여, 어느 한쪽만 편식하지 말라. 어떤 아버지에게 두 아들이 있었다. 큰아들은 책임을 다하는 아들이었고, 둘째 아들은 즐기며 사는 아들이었다. 둘째 아들은 은혜만 누리다 방종에 빠진 인생이라면, 큰아들은 율법을 지키느라 은혜를 모르는 인생이다. 우리도 이들처럼 영적 불균형에 빠지기 쉽다.

은혜만 누리면 세속적인 그리스도인이 되고, 율법만 지키면 율법적인 그리스도인이 되고 만다. 은혜만 편식한 그대여, 아버지 집으로 돌아와 은혜의 옷자락을 붙들고 진리를 회복할 힘을 얻으라. 율법만 편식한 그대여, 아버지의 은혜를 무분별한 사랑이라고 비난하지 말고 은혜 없는 메마른 심령을 회개하고 은혜야말로 진정한 진리임을 깨달으라.

나도 너를 정죄하지 아니하노니 가서 다시는 죄를 범하지 말라 요 8:11

충만한 은혜 안에는 충분한 진리가 있다. 주님은 정죄하지 않으셨지만 간음하다 잡힌 여인은 자신의 죄를 수치스러워하며 변화되었다. 우리가 다 이 여인의 심정이 아닌가. 은혜도 낯설고 진리도 낯설지만, 은혜의 포로가 되는 순간 외면하던 진리를 받아들이게 되지 않던가!

진리 없는 인생은 자괴감에 빠지고 은혜 없는 인생은 자기 의에 빠진다. 율법은 정죄定罪하고 복음은 속죄贖罪한다. 옛 사람이 죽고 새 사람이 살게 되는 길은 주님의 식탁에서 진리와 은혜의 말씀을 함께 먹는 것이다.

안타깝게도 오늘날 많은 사람이 영적 편식을 하다가 잘못된 신앙에 빠진다. 은혜만 중시하는 사람은 진리의 하나님을 두려운 분으로 오해하고, 진리만 강조하는 사람은 은혜의 하나님을 무책임한 분으로 오해한다. 그대를 만찬으로 초대하신 하나님을 온전히 알아 가려면, 은혜의 달콤한 말씀도 진리의 쓰디쓴 말씀도 먹어야 한다. 사랑과 공의의 하나님은 그대 안에 "은혜와 진리가 충만" 요 1:14 하여지기를 원하시기 때문이다.

"영혼을 사냥"하는 겔 13:18 사상들을 주의하라. "의인" 은 주의 은혜를 불신하게 만들고 "악인"은 주의 진리를 망각하게 만들어겔 13:22 둘 다 주님을 등지게 만든다. 세상 그 누구도 은혜와 진리를 조화시킬 이는 없다. 그대를 사랑하기에 징계하시고히 12:6 용납하시는롬2:4 하나님 한 분 외에는 없다. 하나님만이 그대에게 온전한 은혜와 진리의 꿀을 먹여 주실 수 있다. 그리고 그 식탁에서 완전하신 주님을 만나게 되리라욥 42:5; 고전 13:12.

11
신과의 만남

너희가 내 안에 거하고 내 말이 너희 안에 거하면 요 15:7

신의 언어의 성찬은 양식feeding 만을 위함이 아니라 감응feeling을 위함이다. 나발처럼 혼자 왕 같은 잔치feast를 차리고 취하는 것 삼상 25:36 이면, 성경 읽기는 지적 교만과 도덕적 감상으로 전락한다. 그러나 모세처럼 주님과 음식을 나누며 교제fellowship하는 자리 출 24:11 가 되면, 성경 읽기는 참된 인격적 만남으로 승화된다. 주님의 식탁은 친교의 공동체다 눅 7:34. 주린 영혼을 먹이시며 그대를 잠잠히 바라보시는 주님을 보라.

요한의 아들 시몬아 네가 이 사람들보다 나를 더 **사랑하느냐** 요 21:15

주린 제자들에게는 음식이 필요했지만 주님은 사랑

의 나눔을 원하셨다. 돌아온 탕자에게는 당장의 음식이 반갑겠지만 아버지에게는 아들과의 만남이 기대되는 법이다. 맛있는 음식뿐이라면 언젠간 다시 떠나겠지만, 아버지와의 만남이 행복하다면 영원히 머물 것이다.

주님은 혈루증을 앓던 여인이 치유되는 순간, "누가 내 옷에 손을 대었느냐"막 5:30 물으셨다. 여인은 치유만 받고 떠나려 했으나 주님은 그녀를 개인적으로 만나기 원하셨다. 치유만 받고 음식만 먹고 떠나기 때문에, 수많은 영혼이 건짐을 받고도 예전으로 돌아가는 영적 요요 현상에 시달린다. 말씀의 지식만 탐하지 말고 인격적 예수를 대면하라.

사실 절대자 絶對者 가 인간을 상대 相對 하여 만나 주시는 것 자체가 기적이다! 대등 對等 할 수 없는 관계가 어찌 마주하여 대면 對面 하는가. 얼굴과 얼굴을 마주하고 눈과 눈이 마주보며 그대가 하나님의 면전 面前 에 서게 되는 자리가 바로 거룩한 독서의 자리다.

> 그 사람들이 거기서 떠나 소돔으로 향하여 가고 아브라함은 **여호와 앞에** before the LORD, KJV 그대로 섰더니
>
> 창 18:22

여기서 "여호와 앞에"를 원문으로 직역하면 "여호와

의 면전에"다. 그대는 가인처럼 "여호와 앞 히. 얼굴을 떠나" 창 4:16 는 인생이 아니라, 아브라함처럼 여호와 앞에 머물러 대화하고, 모세처럼 "여호와께서 대면하여 아시던 자"신 34:10 가 되고 싶지 않은가.

성서 안에서 주님을 대면하라. 성서는 하나님과의 인격적인 대화의 장이기 때문이다. 말은 그 존재의 인격이요, 대화는 그 존재와의 인격적 만남이다. 성경은 비인격적 신탁oracle의 모음집이 아니라, 하나님의 인격적인 음성voice을 담은 메시지다.

성경은 신의 언어일 뿐 아니라 하나님의 현현epiphany이요 현존presence이다. 주님이 말씀 안에 거하시는 말씀 그 자체요 1:1이기 때문이다. 성서를 읽는 가운데 하나님은 사건적으로 현현하실 뿐 아니라 진리의 말씀 안에 지속적으로 현존하신다.

성서는 "신비의 계시"롬 16:26 요 그 자체로 초월자의 내재다. 우리는 자연과 성서라는 두 개의 동산에서 주님과 대화를 나누며, 자연 속에 세워진 외적 성전대하 6:41 과 성도 안에 세워진 내적 성전고전 3:16 에서 신의 언어를 통해 거룩한 대화를 경험한다.

어떻게 언어가 그 존재 자체일 수 있을까?

나는 포도나무요 너희는 가지라 그가 내 안에, **내가 그**

안에 거하면 요 15:5

너희가 내 안에 거하고 **내 말이** 너희 안에 거하면 요 15:7

주님은 주님의 말씀을 주님과 동의적 개념으로 사용하셨다. 말씀의 임재는 곧 주님의 임재를 의미한다. "이 말씀은 곧 하나님이시니라" 요 1:1. 성서의 말씀 안에 하나님의 현존이 있다. 말씀이신 주님이 "나를 만나라"고 명하신다. 말씀을 혼자 공부하거나 추론하지 말고 그 안에서 주님을 만나라는 것이다. 이제 "말씀을 경험하지 못한 자" 히 5:13가 아니라 "태초부터 있는 생명의 말씀"을 직접 듣고 보고 만진 바 요일 1:1 되는 성도가 되라.

너희가 온 마음으로 나를 구하면 나를 찾을 것이요 **나를 만나리라** 렘 29:13

"주님, 저를 직접 만나 주십시오. 제가 홀로 성경을 볼 때 제게 말씀해 주십시오. 다른 사람을 통해 듣는 것이 아니라 주님께로부터 직접 듣기 원합니다" 하고 간구하라. 그리고 당신의 탁자 위에 성서를 펼쳐 놓고 말씀으로 현현하시는 주님을 만나라.

성서만으로도 신의 음성을 듣고 신의 현존을 경험하기에 충분하다. 예수님은 비유에서 부자가 죽은 자의 부활을 통해 자기 형제들에게 천국과 지옥이 있음을 깨우쳐 달라고 하자 "그들에게 모세와 선지자들이 있으니 그들에게 들을지니라" 눅 16:29 말씀하셨다. 또한 엠마오로 가는 두 제자들을 책망하시며 성경 한 권으로도 그리스도를 발견하기에 충분하다고 하셨다 눅 24:27. 성경 한 권이면 주 앞에 나아가기에 충분하다 딤후 3:15.

> 하나님이 모세에게 이르시되 **나는 스스로 있는 자이니라** 출 3:14
>
> 지혜와 계시의 영을 너희에게 주사 **하나님을 알게** 하시고 엡 1:17

하나님이 성서를 통해 자신의 이름을 말씀해 주시는 것은 자신의 존재를 알려 주심이다. 또한 하나님은 우리에게도 이름을 주시고 엡 3:15 우리의 이름도 부르신다 사 43:1. 이는 실로 하나님이 우리와 통성명하심이요 영원에서 시간으로 손을 내미심이다.

하나님은 성서를 통해 역사의 시작과 종말, 하나님의 구원과 심판을 계시하신다. 그러나 무엇보다도 계시의 정점은 신의 자기 계시 self-revelation 다. 하나님은 인간의 언어를 통해 자신을 보여 주신다. 인간의 언어라는 연약한 질그릇 고후 4:7 에 하나님의 현존이라는 영광스런 보배를 담

신과의 만남 —

아내신다 이 부분은 제21장에서 더 자세히 다루겠다. 계시의 완성은 종말이나 천국이 아니다. 계시의 완성은 "하나님의 비밀인 그리스도"골 2:2이시다 이 부분은 제22장에서 더 자세히 다루겠다.

이렇게 성독聖讀을 통해 신의 현존 안에 들어가면, 인간 자신에 대해서도 새로운 인식을 갖게 된다. 예수님은 부활 논쟁 가운데 말씀하셨다. "하나님은 죽은 자의 하나님이 아니요 산 자의 하나님이시라"막 12:27. 항존恒存하시는 하나님 안에서 모든 존재는 영원한 현재형이 된다. 그대는 죽음 아래 갇혀 소멸하는 허무한 존재가 아니라 "영원토록 살아 계신 하나님"계 15:7의 자녀가 된다. 그분의 불변하는 생명의 말씀이 나를 감싸 안고 있기 때문이다.

반대로 하나님과의 대면이 이루어지지 않는 사람은 신의 언어라는 거울 앞에 서지 못함으로 왜곡된 자아상을 갖게 된다. 압살롬처럼 자만심에 빠지거나 삼하 14:25, 사울왕처럼 열등감에 빠진다 삼상 18:7-8. 신의 언어라는 거울보다 정직한 거울은 없다.

설교도 듣고 신앙 서적도 읽으라. 그러나 무엇보다 신의 언어를 직접 체험하라. 살아 계신 주님을 직접 만나라. 그러면 때로는 "목자 없는 양"막 6:34 같은 나를 불쌍히 바라보시고, 때로는 죄악 가운데 있는 나를 "불꽃"계 1:14 같은 눈동자로 바라보시는 주님 앞에 서게 되리라. 변하지 않을 수 없고 새로워지지 않을 수 없다. 문학적 상상력이 부족해도 괜찮다. 성령이 거룩한 상상력을 주실 것이다.

다만 성경을 이미 잘 안다고 생각하지 말라. "우리는 이 사람이 어디서 왔는지 아노라"요 7:27. 2천 년 전 유대인들도 예수님을 다 안다고 생각했다. 선지자가 고향에서 환영받지 못하는 이유는 그를 뻔히 안다고 생각하기 때문이다. 오늘날 성서도 교인들에게 전혀 새롭거나 특별하지 않다. 등잔 밑이 어둡다. 왕의 잠행인 줄 모르고 덮어 놓고 죽인 그들이나, 매일 내 곁에 성서로 현존하시는 주님을 덮어 두는 우리나 무엇이 다르겠는가.

하나님은 성서 안에서의 이 만남이 일시적 방문 visitation이 아니라 영원한 거주 habitation가 되기 원하신다.[20] 하나님이 특별히 다윗을 사랑하신 이유가 여기에 있다. 그는 인간의 아성인 도시 한가운데 하나님이 임재하시는 성소를 세웠다.[21] 그리고 그는 궁전보다 성전에서 평생 살기를 원했다.

> 내가 여호와께 바라는 한 가지 일 그것을 구하리니 곧 내가 **내 평생에 여호와의 집에 살면서** 여호와의 아름다움을 바라보며 그의 성전에서 사모하는 그것이라
>
> 시 27:4

다윗은 성소에서 만나 주시는 주님이 정말 좋았다. 그래서 그는 평생 성소를 사모하며 살았다. 그대여, 다윗의 길을 가지 않겠는가. 그대에게는 하나님의 말씀이 잠시의 방문객인가? 아니면 영원한 동거인인가? 날마다 성소를 사모하는 자는 다윗처럼 날마다 그분의 궁정에 들어가는 ^{시 100:4} 감격을 누릴 수 있다.

성서聖書는 성소聖所다. 그대 삶의 성소로 들어가라.

12
신과의 대화

모세는 자기가 여호와와 말하였음으로 말미암아 출 34:29

대화는 관계의 문제다. 화술이나 화제의 문제가 아니다. "사람이 자기의 친구와 이야기함같이 여호와께서는 모세와 대면하여 말씀하시며" 출 33:11. 여호와께서 모세와 대면하여 말씀하신 것은 그가 친구 같았기 때문이다. 이스라엘이 금송아지 우상에 절하고 패역이 극에 달했을 때에도 모세가 하나님의 동행을 요청하자, 하나님은 이렇게 말씀하셨다. "네가 말하는 이 일도 내가 하리니 너는 내 목전에 은총을 입었고 내가 이름으로도 너를 앎이니라" 출 33:17.

이제부터는 너희를 종이라 하지 아니하리니 종은 주인이 하는 것을 알지 못함이라 너희를 **친구**라 하였노니 **내가 내 아버지께 들은 것을 다 너희에게 알게 하였음**

이라 요 15:15

전능자께서 나의 친구가 되어 주시다니 얼마나 감격스런 일인가! 게다가 친구와의 대화만큼 즐거운 일이 어디 있는가. 그런데 실은 하나님도 이 순간을 너무나 오래 기다리셨다. 신은 인간과 친구처럼 '교제'하기 원하셨다. 그러므로 성경 읽기를 따분한 종교적 행위로 변질시키지 말라. 성독聖讀은 주문呪文을 외우거나 경문經文을 낭독하는 것이 아니다. 성독은 주님과 친밀한 대화를 나누는 것이다.

> 천지의 주재이신 아버지여 이것을 지혜롭고 슬기 있는 자들에게는 **숨기시고** 어린아이들에게는 **나타내심을** 감사하나이다 마 11:25

신의 언어는 세상의 "현자", "학자", "변론가"고전 1:20, 표준에게 열리지 않는다. 그들은 두루 도는 화염검 밖에서 서성일 뿐이다. 성서는 어린아이들에게 열리고 마 11:25, 구원받은 성도에게 열리고 고전 1:18, 성령 받은 사람들에게 열린다 고전 2:12. 그것은 어린아이의 적극적 수동성 때문이며 시 8:2, 더욱이 우리가 하나님의 자녀이기 때문이다 고전 1:24.

자녀는 아버지를 두려워하지 않는다. 그러므로 아버지께 나아갈 때 담을 넘지 말고 담대히 문으로 들어가라 요 10:1. 자신의 지혜를 의지하지 말고 고전 2:4 "예수의 피를 힘입어"히 10:19 나아가라. 고라처럼 다른 불을 피우지 말고 민 16장 오직 성령의 불빛을 의지하라 고전 2:12. 거룩한 독서는 보혈을 의지하여 성령 안에서 엡 2:18 아버지께 나아가는 것이다.

말씀 묵상은 성서 가운데 현존하시는 주님께 질문하고 대답을 듣는 일이다. 말씀 묵상은 자문자답이 아니다. 독학이 아니다. 성서에 질문하고 성서의 대답을 들으라. "나의 질문에 대하여 어떻게 대답하실는지 보리라 하였더니 여호와께서 내게 대답하여 이르시되"합 2:1-2.

그러므로 성경을 탐독하고 탐구하되 혼자 고민하지 말라. 그것은 뱀이 하와에게 시킨 일이다 창 3:1. 정말 하나님의 말씀이 그런지 의문이 들면 하와의 의심에 창 3:1 빠지지 말고 베뢰아인처럼 성경을 "상고"헬. 아나크리노, '질문하다' 또는 '조사하다', 행 17:11하라. 신의 언어는 독백이 아니라 대화이기 때문이다.

성서에서 나온 질문은 성서 안에 계신 주님께 하라. 사람에게 질문하면 사람의 대답을 듣고, 하나님께 질문하면 하나님의 대답을 듣는다.[22] 우리가 하나님의 음성을 듣는다는 것은 출처 불명의 영적 음성을 추구함이 아니다.

신과의 대화 —

성서를 주신 하나님이 우리에게 말씀하시는 동일한 하나님이시다. 그러므로 성경에 질문하고 성경의 답을 듣는 길이 가장 온전한 길이다.

하지만 하나님의 음성 듣기를 난감해하는 이들이 있다. 지금껏 들어 본 적이 없는 영적 난청인 사람들도 있고, 성경이 너무 익숙한 나머지 흘려듣는 영적 매너리즘에 빠진 사람들도 있고, 말씀을 들으면 헌신해야 할 것이 두려운 영적 거식증에 빠진 사람들도 있다.

그대는 어떠한가? 자녀임에도 불구하고 하나님과 친밀한 영적 교제 없이 피상적인 관계만 유지하고 있는가? 주님을 따라가고는 있지만 일정 거리를 유지하려고 하는가?

"베드로가 멀찍이 예수를 따라"마 26:58 갔듯이, 주님과 거리를 유지하고 산다면 주의 음성을 온전히 들을 수 없다. 우리 안에는 주님과의 친밀한 영적 교제를 방해하는 두 가지 태도가 있다. 첫째는 무관심이고, 둘째는 불순종이다. 무관심은 주님이 다가오셔도 바쁜 척하고 외면하는 태도요, 불순종은 주의 음성을 듣고도 의도적으로 거역하는 태도다.

무관심과 불순종은 영적 청력을 떨어뜨리는 주범이요, 하나님과의 대화 채널을 막는 행동이다. 그러면 하나님이 말씀을 안 하시는 것이 아니라 내가 "듣지 아니하"

슥 7:11는 것이다. 하나님이 침묵하신다고 원망하지 말고 그대 영혼의 안테나를 점검하라.

자녀도 온전히 아버지께 속해 있지 않으면 요 8:47 아버지와의 대화는 낯설고 어려울 뿐이다. 이중적인 삶을 영적 합리화로 애써 외면하지 말라. 영성은 정직성이다. 내 영혼의 민낯을 들고 나아가라. 그래야 하나님의 음성을 들을 수 있다.

"아빠 아버지여 아버지께는 모든 것이 가능하오니 이 잔을 내게서 옮기시옵소서 그러나 나의 원대로 마시옵고 아버지의 원대로 하옵소서" 막 14:36. 성자도 아버지 앞에 정직하게 원하는 것을 말씀하셨다. 다만 계속 대화하는 가운데 아들의 뜻이 아버지의 뜻에 일치하게 되었다.

불순종의 사람 요나 또한 하나님과의 대화가 가능했던 이유는 동일하다. 그는 하나님 앞에 정직하게 속내를 드러냈다 욘 4:2. 사실 그는 평생 주님께 순종했던 사람이다 왕하 14:25. 단 한 번 불순종한 내용이 성서에 기록되었을 뿐이다. 그래서 하나님이 그와의 대화를 이어 가시며 결국 그를 하나님의 뜻 가운데로 설득하셨던 것이다 욘 4:11.

"하나님, 정말 당신의 뜻을 알고 싶습니다." 이렇게 기도했다면, 성서를 펼치기 전 순종할 준비부터 하라. 하나님의 음성은 들으면 순종해야 하기 때문이다. 주의 음성을 호기심으로 들으면 사라처럼 불신하고 창 18:13, 정보로 들으면 엘리처럼 돌이키지 않고 삼상 3:18, 두려움으로 구하면 사울처럼 무당도 찾아가고 삼상 28:7, 답을 정해 놓고 들으면 유대인들처럼 들리지 않고 마 22:17, 신뢰함 없이 구하면 부자 청년처럼 정답을 거부하며 막 10:22, 이기심으로 들으면 유다처럼 주님을 배반한다 요 13:26. 그들은 "끝내 진리의 지식에 이를 수 없"다 딤후 3:7.

들을 귀 있는 자는 들을지어다 눅 8:8

그러면 누가 들을 수 있는가? "사람이 하나님의 뜻을 행하려 하면 이 교훈이 하나님께로부터 왔는지 내가 스스로 말함인지 알리라" 요 7:17. 행하고자 하는 사람이 듣고, 순종을 결단한 사람이 듣게 되어 있다. 하나님의 음성은 들어 보고 결정하는 것이 아니다. 신앙은 호기심이 아니라 헌신이다. 말씀은 정보가 아니라 진리다. "맡은 자들에게 구할 것은 충성"고전 4:2이요 들은 자에게 구할 것은 "청종"레 26:14 이다.

목숨 걸고 순종하는 사람에게는 들리지 않을 말씀이 없다. 하지만 생명이 아까운 사람은 그가 아무리 현자요 학자일지라도 들리지 않는다. 성경 읽기는 그저 내적 수양을 위한 것이 아니다. 성경 읽기는 영혼의 근본적인 치유를 위함이요 전적인 순종과 합일을 위함이다.

그러나 근심하지 말라. 하나님을 믿으라 요 14:1. 말씀은 듣는 사람을 변화시키는 능력이다. 순종조차 내 힘이 아니라 말씀의 강권하심으로 가능하다. 베드로도 말씀을 듣고서 순종하지 않았던가. "선생님 우리들이 밤이 새도록 수고하였으되 잡은 것이 없지마는 **말씀에 의지하여** 내가 그물을 내리리이다"눅 5:5. 말씀만 한 걸음씩 따라가라. 그러면 순종에 이르리라.

지금 그대의 영혼은 세상의 소리들로 낙서장이 되어 버렸는가? 하지만 말씀의 파도가 밀려오면 말씀의 자정력이 내 영혼을 말끔하게 씻어 낸다. 그리고 깨끗해진 영혼 안에 그분 음성의 파도 소리가 또렷하게 들려온다. 이제 왜곡된 언어가 아니라 성서의 언어로 주님이 질문하시고 내가 대답하고, 내가 질문하고 주님이 대답하시는 감격적인 대화가 시작되리라.

하나님께 속한 자는 **하나님의 말씀**을 듣나니 요 8:47

신의 언어가 내 영혼의 모국어였다니! 이것을 깨닫는 날, 전혀 다른 세상이 열리게 된다. 그렇게 하나님과의 대화가 열리는 날, 그대는 은혜의 창공을 비상하게 되고 사 40:31, 아무리 채우려 해도 채워지지 않던 영적 "기갈"암

8:11이 멈추고, 내 영혼에 30배, 60배, 100배 마 13:23의 결실을 맺는 기쁨의 계절이 시작되리라.

그런데 놀랍게도 성서 안에서 나누는 주님과의 대화는 날마다 새롭다. 성경이 마르지 않는 샘이요 "물 댄 동산" 사 58:11이기 때문이다. 또한 성서가 그대의 성장 속도에 맞춰 히 5:12-14 친절하게 계시의 세계를 점진적으로 열어 주기 때문이다.

묵상을 통한 대화는 말씀과 기도의 협력으로 이어진다. 기도는 말씀에 대한 응답이 되고, 말씀은 모든 기도에 대한 응답이 된다. 질문하는 순간 답을 듣고, 답을 듣는 순간 동의하게 되는 감격적인 대화는 마침내 그대 영혼이 신의 언어와 사랑에 빠졌음을 보여 주는 신호다.

13
신과 함께 춤을

주께서 나의 슬픔이 변하여 내게 춤이 되게 하시며 시 30:11

신의 언어가 내 영혼의 언어가 되는 순간, 주님과의 대화는 기쁨의 곡조가 된다. 하나님의 말씀이 나를 이끌어 가는 사랑의 음성이 되기 때문이다. 말씀의 감동은 내 영혼으로 춤추게 한다. 이전에는 세상의 우상들 앞에서 추었고출 32:19, 사람이 좋아서 추었지만삼상 29:5 이제는 하나님의 임재 앞에 춤추며삼하 6:14, 말씀의 동산에서 춤추게 되었다아 2:13.

바라보기만 해도 기쁘고, 생각만 해도 눈물이 나고, 주님이 말씀하시면 바로 동의가 되고, 내가 주님께 말씀 드리면 주님도 바로 공감해 주신다. 나의 영혼이 주님의 현존과 깊이 밀착함이요, 아버지와 탕자가 "목을 안고 입을 맞추니"눅 15:20 영혼의 포옹이 아닌가. 그분이 한 걸음 이끄시면 나도 한 걸음 따라가니, 우리는 지금 기쁨의 춤을 추고 있다.

집에 가까이 왔을 때에 **풍악과 춤추는 소리**를 듣고

눅 15:25

집 안 가득 풍악 소리가 흘러넘치고 아버지와 아들은 함께 손을 맞잡고 있다. 아버지 하나님은 "너로 말미암아 기쁨을 이기지 못하시며 너를 잠잠히 사랑하시며 너로 말미암아 즐거이 부르며 **기뻐하시리라** 히. 기일, 기쁨이 충만하여 빙글빙글 돈다"습 3:17. 보좌에서 일어나 그대의 손을 맞잡고 "더덩실 춤을 추시"습 3:17, 공동는 하나님을 바라보라. 이는 하늘에서 아버지도 춤을 추시고, 신랑과 신부가 춤을 추고, 천사들과 성도들이 춤을 추는 영원한 무도회의 예행연습이 아닌가 눅 15:7.

신의 언어와 인간의 언어가 화음을 이루게 될 때 "주께서 나의 슬픔이 변하여 내게 춤이 되게"시 30:11 하신다. 말씀 묵상은 우리로 하여금 회개의 눈물을 쏟게도 하지만 기쁨의 춤을 추게도 한다. 성서 앞에서 "슬퍼할 때"도 있고 "춤출 때"도 있다 전 3:4.

한 개인의 언어도 깊이 공감을 얻을 때 기쁨이 터지는 법인데, 나의 언어가 신의 언어와 동감하고 동의하니 이보다 놀라운 영혼의 감격은 없다. 하나님도 고대하셨다.

이스라엘이 어렸을 때에 내가 사랑하여 내 아들을 애굽
에서 불러냈거늘 선지자들이 그들을 부를수록 그들은
점점 멀리하고 … 그러나 내가 에브라임에게 **걸음을 가**
르치고 내 팔로 안았음에도 내가 그들을 고치는 줄을
그들은 알지 못하였도다 호 11:1-3

아빠가 어린 자녀에게 걸음마를 가르칠 때 두 손을 맞
잡고 얼마나 애정을 쏟아붓는가. 그런데도 자녀인 우리들
은 계속해서 세상으로 나아갔다. 그러다가 영혼의 허무함
과 황폐함을 겪고 나서야 아버지 품으로 돌아온 우리들
을 그분은 외면하지 않고 받아 주신다.

보라 내가 그를 타일러 거친 들로 데리고 가서 말로 위
로하고 거기서 비로소 그의 포도원을 그에게 주고 아골
골짜기로 소망의 문을 삼아 주리니 그가 거기서 응대하
기를 어렸을 때와 애굽 땅에서 올라오던 날과 같이 하
리라 호 2:14-15

그러므로 하늘 아버지와의 영적 공감력 자체를 상실
했던 마 11:17 우리가 아버지 집에 완전히 돌아왔다. 아버
지는 살진 송아지를 잡아 영혼의 만찬을 베풀어 주시고
온 집 안은 기쁨의 무도회장이 된다. 그리스도로 순결하

게 새 옷을 입혀 주시고 아들 됨의 가락지를 끼워 주시고 복음의 새 신을 신겨 주시니, 아버지는 참으로 좋으신 분이다.

모세에게는 세속의 신을 벗기고 출 3:5 거룩의 신을, 여호수아에게는 인간적인 능력의 신을 벗기고 수 5:15 승리의 신을, 그리고 스스로 존귀의 신을 벗어 버린 탕자에게는 복음의 신을 신겨 주셨다. 우리는 그렇게 새 신을 신고 한 걸음 한 걸음 주님을 따르게 되었다.

말씀이 이끄는 대로 심령이 따라가는 이 단계에서 우리 영혼은 적극적 수동태proactive passiveness가 된다. 하나님의 모든 말씀이 수긍되고, 하나님의 모든 섭리가 믿어진다. 동시에 말씀하신 그대로 적극 실천하게 된다. 이것이 말씀의 무도회가 아닌가! 매 순간 그분이 이끄시는 대로 따르면서도 동시에 내가 자원하여 움직이고 있기 때문이다 빌 2:13.

바디매오가 나사렛 예수시란 말을 듣고 사람들의 비난에도 "다윗의 자손 예수여!"를 외치며 달려간 것과 같고 막 10:48, 성전 미문에 앉아 있던 사람이 "그리스도의 이름으로 일어나 걸으라"는 말을 듣고 성전을 향해 뛰며 걸으며 찬송한 것과 같다 행 3:6-8. 그 순간 사람들의 소리는 무음 처리되고 주님의 음성만 들리며, 사람들은 보이지 않고 주님만 보이게 된다. "예수를 나의 구주 삼고" 새찬송

<찬송가 288장>의 3절 가사도 동일한 고백이다.

주 안에 기쁨 누림으로 마음의 풍랑이 잔잔하니
세상과 나는 간 곳 없고 구속한 주만 보이도다.

영적인 조화에는 세상 사람들이 이해할 수 없는 기쁨이 있다. 언약궤가 다윗성에 들어오던 날 다윗이 춤추는 것을 미갈은 이해할 수 없었다<삼하 6:20>. 그러자 다윗이 말했다. "나를 여호와의 백성 이스라엘의 주권자로 삼으셨으니 내가 여호와 앞에서 뛰놀리라"<삼하 6:21>. 그날 온 백성이 기뻐하고 산천초목이 기뻐하고, 하나님도 기뻐 춤추시고 다윗도 춤추었다.

늘 영혼 속에 잡음들과 불협화음들이 가득하여 영적 두통이 끊이지 않던 사람이, 어느 날 머리가 맑아지고 성령의 조율調律, tuning하심 가운데 신의 언어와 자신의 언어가 아름다운 화음和音, harmony을 이루니, 이 기쁨은 경험한 사람만이 아는 기쁨이다.

다윗은 언약궤를 모신 것으로도 흡족하지 않아 하나님을 위해 집을 짓고 싶어 했다. 그러자 하나님이 말씀하셨다. "네가 나를 위하여 내가 살 **집**을 건축하겠느냐 … 여호와가 너를 위하여 **집**을 짓고"<삼하 7:5, 11>. 다윗은 하나님을 위해 집성전을 짓겠다고 하고, 하나님은 다윗을 위해 집왕조을 세우겠다고 하시니, 이야말로 심심상인心心相印이다.

> 주 여호와는 **주의 종을 아시오니** 다윗이 다시 주께 무슨 말씀을 하오리이까 삼하 7:20

내가 주님을 알고 주님이 나를 아시니 내가 무슨 말을 더 할 수 있겠는가. 말이 필요 없는 상태다. 그냥 주님의 은혜의 품에 안겨 있는 상태다. 주님이 시몬에게 찾아오셔서 그의 영혼의 불협화음을 세 번이나 조율해 주실 때 시몬도 동일한 고백을 했다. "주님 모든 것을 **아시오매** 내가 주님을 사랑하는 줄을 주님께서 아시나이다" 요 21:17.

> 나의 사랑하는 자가 내게 말하여 이르기를 **나의 사랑, 내 어여쁜 자야 일어나서 함께 가자** 겨울도 지나고 비도 그쳤고 지면에는 꽃이 피고 새가 노래할 때가 이르렀는데 비둘기의 소리가 우리 땅에 들리는구나 무화과나무에는 푸른 열매가 익었고 포도나무는 꽃을 피워 향기를 토하는구나 나의 사랑, 나의 어여쁜 자야 일어나서 함께 가자 아 2:10-13

최초의 동산에서 아담과 함께 거니셨던 하나님은 이

제 말씀의 동산에서 나와 함께 거닐고 계신다. 주님과 내가 나누는 이 합일의 기쁨은 세상의 그 어떤 즐거움과 비교할 수 없다.

이 사랑의 조화는 깨달음을 준다. '사랑하면 닮게 된다지만, 원래 닮았기 때문에 사랑에 빠지기도 하는구나.' 신의 언어에 푹 빠지고 나서 보면, 내가 하나님의 형상이라는 말을 알게 된다. "데오빌로"눅 1:3; 행 1:1 가 성서의 수신인이 된 것도 그가 이미 "하나님을 사랑하는 사람"²³이기 때문이요, "술람미"아 6:13 여인이 솔로몬의 신부가 된 것도 그녀가 이미 "솔로몬의 여인"²⁴이기 때문이 아닌가!

'아, 이제야 집에 돌아왔구나! 이제야 내 영혼의 언어를 되찾았구나!' 신의 언어가 내 영혼의 숨결이 되고 산소가 되니, 이보다 맑고 깨끗하고 편안할 수 없다. 그렇게 신의 언어는 모태처럼 아늑하고 고향 집처럼 편안하다.

나 이제 왔으니 내 집을 찾아
주여 나를 받으사 맞아 수소서.²⁵

이제는 집으로 돌아왔으니, 신의 언어가 내 영혼의 일상의 언어가 될 것이다. 아침에 일어날 때마다 아버지께서 "너는 내 사랑하는 아들이라 내가 너를 기뻐하노라"막 1:11 말씀해 주시고, 나는 내 영혼 깊은 곳에서 "나는 여호와의 보시기에 존귀한 자라 나의 하나님이 나의 힘이 되셨도다"사 49:5, 한글 외치며 살리로다!

14
진리의 아버지

아버지의 말씀은 진리니이다 요17:17

성부 하나님은 진리의 아버지이시다. 반대로 마귀는 "거짓의 아비"요 8:44이며, 우상들은 "하나님의 진리를 거짓 것으로"롬 1:25 바꾼 것들이다. 그래서 하나님은 진리를 거부하고 "이 세상 풍조를 따르고 공중의 권세 잡은 자" 엡 2:2를 따르는 자들을 심판하실 것이다.

또한 하나님은 진리로 우리를 거룩하게 하시는 하나님이시다. "그들을 진리로 거룩하게 하옵소서 아버지의 말씀은 진리니이다"요 17:17. 하나님께서 우리에게 바른 길, 곧 하나님의 진리를 주심은 우리를 살리려 하심이요 우리에게 생명을 주려 하심이다.

하나님의 말씀은 진리이며, 진리는 곧 생명이다. 그래서 하나님은 진리의 말씀으로 모든 생명체를 창조하셨다 요 1:3-4. 그러므로 하나님께서 우리에게 진리를 주심은 우리에게 생명을 주심이다. 하나님의 진리를 생명으로 받아들이는 길만이 하나님의 형상을 회복하는 길이다.

> 여호와 하나님이 그 땅에서 보기에 아름답고 먹기에 좋은 나무가 나게 하시니 동산 가운데에는 **생명나무와 선악을 알게 하는 나무**도 있더라 창 2:9

태초에 하나님은 사람을 창조하사 동산 안에 두시면서 좋은 과실수들을 많이 주셨다. 또한 동산 중앙에는 "생명나무"와 "선악을 알게 하는 나무"를 두셨다. 여기에 지혜가 있다. 생명을 알게 하는 나무가 아니라 생명나무다. 먹기만 하면 생명을 주는 나무다 창 3:22.

그러면 생명나무의 반대는 사망나무인가? 아니다. "동산 각종 나무의 열매는 네가 임의로 먹되 선악을 알게 하는 나무의 열매는 먹지 말라 네가 먹는 날에는 반드시 죽으리라" 창 2:16-17. 왜 사망나무는 선악을 알게 하는 나무라고 부르셨을까? 선악을 내가 안다고 주장하는 순간 사람은 사망에 이르기 때문이다. 선악 간의 판단은 오직 하나님께 있다. 하나님만이 불변하는 약 1:17 진리의 근원이시기 때문이다.

감사한 것은 진리의 하나님만이 절대자시라는 사실이다. "나는 여호와라 나 외에 다른 이가 없느니라" 사 45:18.

그러므로 하나님의 진리만이 절대적 진리다. 오늘날 온 갖 사상의 위험성이 여기에 있다. 과학주의, 자연주의, 인본주의, 상대주의, 다원주의, 물질만능주의, 예술지상주의, 쾌락주의, 허무주의는 절대적으로 불변하는 기준점이 될 수 없다. 전부 '상대성의 절대화'일 뿐이다. 그것은 내가 기준점을 만들어서 선악을 판단하고 싶은 마음이다 잠 21:2.

> 엘리의 아들들은 악한 사람들이었습니다 그들은 여호와를 의식하지 않았습니다 … 이렇듯 엘리 아들들의 죄는 여호와 보시기에 너무나 큰 것이었습니다 삼상 2:12, 17, 우리말

성경이 말하는 악인은 누구인가? 하나님을 의식하지 않는 사람이다. 성경이 말하는 죄악은 무엇인가? 여호와 보시기에 그릇된 것이다. "하나님이 보시기에" 선이 선이요, "하나님이 보시기에" 악이 악이다 창 1:10; 왕상 16:7.

하나님만이 진리의 기준이시다. "재판은 하나님께 속한 것인즉"신 1:17 하나님만이 선악 간 판단하신다. 선악과는 먹는 것이 아니라 인정하는 것이다. "네 속에 나를 경외함이 없는 것이 악이요 고통인 줄 알라"렘 2:19. 그러므로 인간이 선을 분별하는 길은 주관적인 관점을 통

해서가 아니라 절대자의 기준에 순종함을 통해서다. 선악과 사건의 핵심은 다른 무엇보다 인간의 자기중심성이다. 인간은 만물의 중심이신 하나님보다 자신이 중심이 되고 싶어 한다. 하나님은 인간에게 최대치의 자유를 주셨지만, 인간은 그 이상의 자율self-rule과 자기 통치self-government를 원했기에 선악과를 따 먹었다. 이것이 교만이고 우상 숭배이고 타락이다.

사실 하나님이 선악과를 주심은 선의善意다. 선악과가 없었다면 범죄도 타락도 없었을까? "법이 없으면 불법도 없다"고 말하는 것은 무규범주의다. 오히려 법이 없는 세상은 무법천지가 됨을 모르는가.[26] 선악과가 아니더라도 어떤 방법이든 인간이 하나님의 하나님이심을 인정하지 않는 순간 그 길이 곧 범죄와 타락의 길이 된다.

우리는 아담과 하와가 선악과를 따 먹었다고 판단하면서도, 우리 자신이 날마다 따 먹는다. 하나님을 피고석에 앉혀 놓고 의심하고 재단하고 심판한다. 내가 하나님보다 자비로운 줄 아는 아브라함 콤플렉스창 18:23에 빠지고, 내가 하나님보다 의로운 줄 아는 하박국 콤플렉스합 1:3, 13에 빠진다. 그러고는 하나님은 틀렸다고 볼멘소리를 낸다.

선하신 하나님을 신뢰함이 인간의 선이다. 이것은 창조부터 종말까지 이어지는 메시지다. 원역사에서는 선악과의 규범에 순종하고, 족장사에서는 언약의 말씀에 순종하고, 왕정기와 포로기에는 예언의 말씀에 순종하고, 구약 시대에는 율법의 말씀에 순종하고, 신약 시대에는 그리스도의 복음에 순종하고, 사도 시대에는 교훈의 말씀에 순종하고, 종말의 때에는 경고의 말씀에 순종하라고 하나님은 말씀하신다. 그것이 선이요 생명이요 구원이다.

> 보라 내가 오늘 **생명과 복과 사망과 화**를 네 앞에 두었나니 곧 내가 오늘 네게 명령하여 네 하나님 여호와를 사랑하고 그 모든 길로 행하며 그의 명령과 규례와 법도를 지키라 하는 것이라 신 30:15-16

두 갈래 길에서 생명의 길을 선택하라. 하나님이 선하다고 하시는 것을 그대도 선하게 여기고, 하나님이 악하다고 하시는 것을 그대도 악하게 여기라. "성령을 소멸하지 말며 예언을 멸시하지 말고 범사에 헤아려 좋은 것을 취하고 악은 어떤 모양이라도 버리라"살전 5:19-22.

이 원칙대로 가면 진리의 아버지 안에 거할 것이다. 이 원칙을 어기면 당신도 선악과를 따 먹게 될 것이다. 사탄의 거짓말을 경청하지 말고 말씀의 인도하심만을 따라가라. 범사에 하나님의 뜻을 분별하고롬 12:2, 악은 모양만 악일지라도 버리라. 그래서 악에 대항할 때에도 "악으로 갚지 말고" "선으로 악을 이기라"롬 12:17, 21.

본래 뱀이 의도한 것은 단순히 선악과를 따 먹게 하는 것이 아니라 선악의 기준이신 하나님을 의심하고 판단하게 만드는 것이다. 그러나 그것은 "성경을 해석하려고 하면서 … 성경의 적"이 되는 일이다.[27] 왜냐하면 성경을 진리의 실체요 총체로 수용하려 하지 않기 때문이다.

성경은 성경 자체를 아는 것이 목적이 아니라 하나님을 아는 것엡 1:17이 목적이다. "이제는 나 곧 내가 그인 줄 알라 나 외에는 신이 없도다"신 32:39. 당신이 성경을 더 깊이 알고 싶은 이유가, 내가 원하는 답을 얻고 싶고 내가 원하는 삶을 보장받고 싶어서라면 큰 패착이다. 하나님의 진리는 다른 그 어떤 것을 위해서도 도구화될 수 없기 때문이다.

하나님의 진리는 실용주의나 쾌락주의나 경건주의의 소품이 아니요, 문제를 극복하기 위한 정답 찾기가 아니다. 성경은 오로지 하나님 찾기이며, 진리의 아버지를 드러냄이다. 성경을 종교 생활의 소품으로 전락시키지 말라. 오늘날 우리에게 절실히 필요한 것은 부분적 개선이 아니라 전면적 회개다. 이 시대는 절대자에게로 돌아가야 한다. "모든 사람이 죄를 범하였으매"롬 3:23. "누구든지 주의 이름을 부르는 자는 구원을 받으리라"롬 10:13.

성서의 선악의 기준에 그대로 동의하라. "오직 너희

말은 옳다 옳다, 아니라 아니라 하라 이에서 지나는 것은 악으로부터 나느니라"^{마 5:37}. 다만 의문이 있다면 하나님을 신뢰하고 질문하라. 아브라함도 질문했고 하박국도 질문했다. 그리고 근본적인 해답을 얻었다.

> 주께서는 눈이 정결하시므로 악을 차마 보지 못하시며 패역을 차마 보지 못하시거늘 **어찌하여** 거짓된 자들을 **방관하시며** 악인이 자기보다 의로운 사람을 삼키는데도 **잠잠하시나이까** 합 1:13

선하신 주님과 악한 세상의 관계를, 선지자는 이해할 수 없었다. 그럴 때 우리도 하나님께 질문해야 한다. 속단하여 하나님을 떠나지 말고, 백지 같은 마음으로 겸손하게 주님의 음성만을 구하라. 그때 선지자에게 주셨던 응답이 우리 모두에게 주시는 주옥같은 응답이다.

> 의인은 그의 **믿음으로** 말미암아 살리라 합 2:4
> 물이 바다를 덮음같이 **여호와의 영광을 인정하는 것이** 세상에 가득함이니라 합 2:14

놀랍게도 어떤 구체적인 설명이 해답이 아니라, 하나님을 신뢰하는 것이 해답이라는 말씀이다. 선민도 범죄하면 징계하시지만, 결국에는 악인들을 심판하시고 백성을 구원하시는 하나님의 큰 그림을 신뢰하라는 말씀이다. 그렇게 하나님의 하나님이심과 하나님의 선하심을 인정하는 것이 성경이 제시하는 궁극적인 대답이다.

"종은 작은 아이라 출입할 줄을 알지 못하고 … 선악을 분별하게 하옵소서"왕상 3:7-9. 솔로몬이 자신은 아는 것이 없으니 선악을 분별하게 해 달라고 기도했을 때 하나님이 그에게 전무후무한 지혜를 주시지 않았는가.

욥이 이해할 수 없는 고난 가운데 하나님께 질문하자, 하나님은 고난에 관해서는 하나도 설명하지 않으셨다. 오직 하나님이 어떤 분이신지를 알라는 것이 대답의 전부였다 욥 38-41장. 그런데 욥은 그 대답에 치유를 얻었다. 결국 하나님을 신뢰하는 것이 해답이었다 욥 42:5.

성자가 사람의 몸을 입고 미복잠행微服潛行 하시자 빌 2:7, 사람들은 알아채지 못했다. 마찬가지로 신의 언어도 인간 언어의 옷을 입고 나타나자, 현대 지성인들이 이 미개한 고대의 언어를 피고석에 앉혀 놓고 재판하는 형국이 되었다.[28] 누가 재판관이고 누가 죄인인가? 누가 스승이고 누가 학생인가? 누가 신이고 누가 인간인가?

너희는 살려면 **선**을 구하고 **악**을 구하지 말지어다

암 5:14

성서는 선악의 분명한 기준점을 제시한다. "세상의 도리를 따라"창 19:31 살거나 "소견에 옳은 대로"삿 21:25 살지 말라. 진리를 타협하면, 선보다 악을 선호하는미 3:2 세상이 되고 마침내 선악이 뒤바뀌는사 5:20 무서운 세상이 온다.

너희가 어찌하여 마음에 악한 생각을 하느냐 마 9:4

그대 마음에 악을 품지 말고 선을 품으라. 때로 인생의 고난, 세상의 악, 세상의 기원, 하나님의 침묵, 하나님의 심판 등 내가 다 이해할 수 없는 난제들이 있다. 그러나 하나님을 의심하는 악을 품고 어떻게 선을 찾겠는가? 때로 자녀의 작은 잘못에 매를 드시는 것도, 때로 큰 잘못인데 침묵으로 용서하시는 것도 하나님의 일관된 사랑이 아닌가.

내가 주의 손에 **나의 영을 맡깁니다. 진리의 하나님**이신 여호와여, 나를 구원하소서 시 31:5, 현대인

전적으로 진리眞理의 아버지를 신뢰하고 그대의 영혼을 아버지께 맡기라. 선악과를 먹으면 선악의 기준이 무너지지만, 생명의 말씀을 먹으면 선악의 분별이 세워진

진리의 아버지 —

다. 아버지를 사랑할수록 시 97:10, 선악에 대한 분별뿐 아니라 선악에 대한 기호 嗜好까지 분명해지리라 잠 8:13. 내 입술과 마음에 거짓이 아닌 진리가, 악이 아닌 선이 충만해지는 놀라운 감격을 맛보리라 잠 8:7.

사람은 다 거짓되되 **오직 하나님은 참되시다** 롬 3:4

15
말씀하시는 말씀

너희는 나를 누구라 하느냐 마 16:15

　"주여 누구시니이까"행 9:5. 청년 사울이 질문했다. "사람들이 인자를 누구라 하느냐"마 16:13. 예수님이 질문하셨다. 예수 그리스도는 "말씀이 육신이 되어 우리 가운데"요 1:14 장막을 치고[29] 거하는 하나님이시다계 21:3. 지상에 천상의 장막을 펼치신 분, 인성을 입고 오신 신성, "종의 형체"를 입으신 "하나님의 본체"빌 2:6-7, 그분이 바로 예수 그리스도이시다.

　어떻게 말씀이 인간이 되실 수 있는가? 말씀은 만물을 육화하는 능력이기 때문이다. 하지만 창조주가 직접 인간이 되신 것은 아버지의 마음을 자연, 역사, 양심, 인류를 통해 일반적으로 계시하시고, 성경과 선지자들을 통해 특별히 계시하신 이후에도 돌아오지 않는 인류를 향해 주신 최후이자 최선의 final and best 계시 사건이다.

신이요 10:30 신의 언어로 오셨으니, 성육신은 메신저 자신이 메시지가 된 사건이다. 그러므로 하나님의 소통은 성자의 오심에서 정점을 찍는다. 더 이상의 계시는 없다. 더 이상의 구원은 없다. 우리 주 예수 그리스도는 궁극적인 계시요 최고 최선의 신의 언어이시다.

십자가는 생명을 걸고 생명을 살리신 레 17:11, 절대적 진정성을 담은 메시지다. 자식을 위해 목숨을 내놓는 부모처럼, 하나님은 "행함과 진실함" 요일 3:18 으로 사랑하셨다. 십자가에 달리신 그리스도는 성전 밖 골고다 언덕 위에서 그대를 위해 피를 쏟은 신의 언어이시다.

실로 그리스도의 성육신과 수난은 당신을 포기하실 수 없는 하나님의 부정父情을 확증하심이요 롬 5:8, 온 우주의 존엄자가 죄인인 인간 앞에 무릎 꿇고 청혼하심이다. 그래서 신의 언어는 결코 위압적이지 않다. 오히려 매우 인격적이고 공감적인 언어다.

이제 모든 구약의 인물과 역사와 사건들이 지목하고 상징하고 예표하는 진리의 본체이신 분, 예수 그리스도를 주목하라. 말씀이신 분이 말씀하시는 진리의 정수를 사모하라. 창조자이신 그분의 언어 안에서 "새로운 피조물" 고후 5:17 이 되는 은혜를 사모하라.

예수님은 살아 있는 신의 언어로 오셨다. 그런 예수님을 못 알아보고 자꾸 아버지를 보여 달라고 요 14:8 요청하면, 예수님은 대답하신다. "나를 본 자는 아버지를 보았거늘 어찌하여 아버지를 보이라 하느냐"요 14:9. 이렇게 오래 성서를 곁에 두고도 주님이 보이지 않는다면, 우리 또한 신의 언어인 예수 그리스도를 석화石化, petrification 하는 것이다.

그러므로 특별히 복음서를 묵상하라. 지금도 내 곁에서 인자한 미소와 진실한 눈빛과 생명의 호흡과 청아한 목소리로 서 계시는 주님의 얼굴을 바라보라. 예수님에 대한 나만의 이상형을 창작해 내지 말고 있는 그대로의 신의 언어이신 주님의 음성을 듣고 묵상하라고전 1:22-24.

예수님은 완전한 하나님의 계시이시다. 또한 성경의 핵심어Keyword이시요요 5:39, 모든 구약이 지향하는 본질이시다.눅 24:27 예수님은 율법서가 예표하고, 역사서가 예시하며, 시가서가 찬양하고, 선지서가 예언하는 바로 그분이시다.

그러므로 "예수는 그리스도라"행 18:5 라는 고백은 하나님의 계시를 온전히 수용함이다. 지상의 예수가 천상의 그리스도이시요, 역사적 예수가 영원한 성자이심을 고백함이다. 따라서 "주 예수 그리스도"라는 말 자체가 순전한 신앙 고백이요 신의 언어의 정수를 쏟아 냄이다.

그대가 성경 66권을 읽어 가다가 "당신이 그분이시군요!"[30] 깨닫는 순간은 살아 계신 주님을 대면하는 복된

요 20:29 사건이다! 그 순간 주님이 대답하실 것이다. "내가 그라"요4:26,18:5. 이 대답을 하실 수 있는 분은 자존자自存者 하나님 외에는 없다출 3:14.[31] "본래 하나님을 본 사람이 없으되 아버지 품속에 있는 독생하신 하나님이 나타내셨느니라"요 1:18.

그러므로 예수 그리스도는 존재 중의 존재요 언어 중의 언어이시다. "주는 그리스도시요 살아 계신 하나님의 아들이시니이다"마 16:16. 인자人子가 누구냐는 질문에 성자聖子라고 대답한 베드로의 대답에 동의한다. "나사렛 예수"요 1:45가 "하나님의 아들"요 1:49이라고 고백한 나다나엘의 대답에 동의한다. 역사적 예수는 초월적 그리스도이시기 때문이다.

예수 그리스도는 하나님의 비밀롬 16:25; 엡 1:9의 최종적인 계시다. 하나님 자신을 보여 주셨으니 이제 더 이상 보여 주실 것이 없다. 성서의 계시는 "하나님의 (바로 그) 비밀인 그리스도"[32]골 2:2를 드러냄이다. 그러므로 그리스도는 천국문을 여는 "지식의 열쇠"눅 11:52요 "하나님의 지혜"고전 1:24이시다! 다른 복음갈 1:7, 다른 구원은 없으니 행 4:12 오직 예수님만이 유일한 구원의 "길"요 14:6이시다.

이제 성서의 어느 부분을 펼쳐도 그분을 대면하게 되리라. 왜냐하면 예수 그리스도는 천상에서 내 곁으로 오신신 30:14 신의 언어이기 때문이다. 그러니 하나님의 말씀이 너무 고차원이어서 알 수 없다는 핑계는 통하지 않는다.

그리스도가 지상으로 오신 겸비humiliation와 다시 천상으로 오르신 고양exaltation은 가교를 놓으심이다. 주님은 신과 인간 간의 소식을 갖고 "오르락내리락하는" 천사들요 1:51과는 달리 직접 내려오시고 직접 올라가셔서 요 3:13 천국행 대로大路, highway를 열어 놓으신 분이요, 다시 오셔서 그 길을 통해 우리를 아버지 집으로 인도할 분이시다 요 14:3.

성서는 예수님의 완전성을 증언한다. 예수님이 일곱 번 하신 "나는 나다"I AM 라는 말씀[33]은 그분이 완전하신 성자임을 선언하심이며, 가상칠언架上七言[34]은 완전한 구원자임을 증거하심이며, 소아시아 일곱 교회에 등장하는 예수님의 소개[35]는 그분이 완전한 심판주임을 드러내심이다. 실로 그리스도는 창조주이시고요 1:3 구원자이시며 요 1:12 심판주이시다 요 12:48.

예수 그리스도는 말씀레마 하시는 말씀로고스이시다. "아브라함이 나기 전부터"요 8:58 선재하신 성자가 우리 곁에 오셔서 직접 말씀하시니 어찌 아니 놀라운가. "네게 말하는 내가 그라"요 4:26. 지금 성경을 통해 그대에게 말씀하시는 분이 바로 이분이시다.

그러므로 예수님의 말씀에는 권위가 있다 막 1:27. 왜냐하면 말씀에 대한 부차적인 해설이 아니라 말씀께서 직접 말씀하신 것이기 때문이다. 이제부터는 우리의 유일한 "선생"이신 주님께 성서를 배우라 마 23:8. 하나님이 명하셨지 않은가. "너희는 그의 말을 들으라" 마 17:5.

이 땅에 유일한 생명의 말씀으로 오신 예수님을 믿으라. 믿는 이에게는 무너진 인생을 세우는 머릿돌 막 12:10이 되실 것이요, 믿지 않는 이에게는 거치는 걸림돌 롬 9:33이 되실 것이다. "아들이 있는 자에게는 생명이 있고 하나님의 아들이 없는 자에게는 생명이 없느니라" 요일 5:12. 왜 그런가? 주님은 영원한 "생명의 말씀" 요일 1:1이시기 때문이다.

하지만 사람들은 예수님의 말씀을 자꾸 상대화하려고 한다 요 8:13. 그러나 예수님의 말씀이 항상 참인 이유는 아버지께 직접 본 것을 증언하시기 때문이요 요 5:19, 성부가 증언해 주시고 요 8:18, 주가 이루신 역사가 증언하고 요 5:36, 성경이 증언하고 요 5:39, 성령이 증언하시기 때문이다 요 14:26. 그렇다. 예수님의 말씀은 절대 진리요, 절대 구원의 말씀이다.

예수님의 언어에는 진정성이 있다. 중풍병자에게 "네 죄 사함을 받았느니라" 막 2:5 말씀하실 때도, 주님은 쉽게 말씀하신 것이 아니라 목숨을 걸고 말씀하셨다. "연약"하고 "죄인"이고 "원수"된 우리의 죄사함을 위해 기꺼이 죽으셨기 때문이다 롬 5:6, 8, 10.

불꽃 같은 말씀 출 3:4, 가장 높은 이름을 가지신 말씀 빌 2:9, 만왕의 왕이신 말씀 계 17:7, 피로 물든 말씀 계 19:13, 악인을 심판하시고 의인을 구원하실 양날 선 말씀 히 4:12, 이 말씀이 바로 신의 언어인 예수 그리스도이시다.

> 네 마음에 누가 하늘에 올라가겠느냐 하지 말라 하니 올라가겠느냐 함은 그리스도를 모셔 내리려는 것이요 혹은 누가 무저갱에 내려가겠느냐 하지 말라 하니 내려 가겠느냐 함은 그리스도를 죽은 자 가운데서 모셔 올리 려는 것이라 그러면 무엇을 말하느냐 **말씀이 네게 가 까워 네 입에 있으며** 네 마음에 있다 하였으니 곧 우리 가 전파하는 믿음의 말씀이라 네가 **만일 네 입으로 예 수를 주로 시인하며** 또 하나님께서 그를 죽은 자 가운 데서 살리신 것을 네 마음에 믿으면 구원을 받으리라
> 롬 10:6-9

그대는 진리를 찾기 위해 온 세상을 떠돌아다니며 평 생을 구도자로 살 필요가 없다. 진리는 그대가 찾는 것이 아니라, 그대에게 찾아오신 것이기 때문이다. 진리의 최 고봉이신 주님이 그대 앞에 오를 만한 작은 언덕이 되어 주셨음이다. 지금 그분이 내 영혼의 문밖에서 두드리고

계신다. 이제 마음의 문만 열면 된다. 이제 입술로 고백하기만 하면 된다.

볼지어다 내가 문밖에 서서 두드리노니 **누구든지 내 음성을 듣고 문을 열면** 내가 그에게로 들어가 그와 더불어 먹고 그는 나와 더불어 먹으리라 계 3:20

16
진리의 영

진리의 성령이 오시면
그가 너희를 모든 진리 가운데로 인도하시리니 요 16:13

　　성부는 진리의 아버지이시고 요 17:17, 성자는 진리의
주이시며 요 1:14, 성령은 진리의 영이시다 요 16:13. "보혜사
곧 아버지께서 내 이름으로 보내실 성령 그가 너희에게
모든 것을 가르치고 내가 너희에게 말한 모든 것을 생각
나게 하리라"요 14:26. 그러므로 신의 언어에 관하여 성령
님께 질문하라. 그분은 성경의 저자 벧후 1:21이자 해설자
이시다.

　　성서를 펼치면 바람이 분다. 성서의 동산에는 성령의
바람이 불어온다. 진리의 영이신 성령의 호흡과 감동이
충만하다. 나를 부르시는 아버지의 음성이 들리고 내게
손짓하시는 예수님의 모습이 보인다. 그리고 나를 그 음
성에게로, 그 현존으로 이끄시는 성령의 인도하심이 있다
요 16:13. 그러므로 성서를 펼칠 때마다 성령의 임재를 구

하는 기도를 하라.

"성령이여, 내게 성경의 저자들에게 주셨던 성령의 감동을 주소서."

성서를 온전히 품으려면, 성령의 도우심이 필요하다. 성경을 열심히 읽을지라도 참의미를 깨우치시고 성경의 모든 연결 마디를 생각나게 하시는 분은 성령이시기 때문이다 요 14:26. 이런 성령의 내적 조명 illumination 은 성도 안에 내주 indwelling 하시는 성령의 역사다. "그는 진리의 영이라 … 너희 속에 계시겠음이라" 요 14:17. 그러나 근본적으로는 성경 자체가 성령의 영감 inspiration 으로 기록되었기 때문에, 성경 자체에서 영적 조명이 나온다.

> 주의 말씀은 내 발에 등이요 내 길에 **빛**이니이다
> 시 119:105
> 주의 말씀을 열면 **빛**이 비치어 우둔한 사람들을 깨닫게 하나이다 시 119:130

성경 안에 성령의 들숨 inspiration 과 날숨 expiration 이 있다. 동산에서 부르시던 하나님의 음성 창 3:8 을 듣기 원한다면, 하나님의 산에 임하셨던 세미한 음성 왕상 19:11-12 을 듣기 원한다면 성령의 감동과 조명 아래 성경의 동산으로 들어가라. 성자는 성부가 약속하신 창 3:15 최고의 선물

이시요, 성령은 성자가 약속하신행 1:4 최고의 선물이 아니신가.

하나님은 말씀하시는 하나님이다. 성부는 말씀으로 창조하시고창 1:3, 성자는 말씀으로서 성육신하시고요 1:14, 성령은 새 언어를 주신다행 2:4. 성령은 언어적으로 소통하신다. 전도자 빌립에게 "이 수레로 가까이 나아가라"행 8:29, 베드로에게 "의심하지 말고 함께 가라"행 10:20, 안디옥교회 지도자들에게 "바나바와 사울을 따로 세우라"행 13:2 말씀하셨다.

오순절 성령 강림의 핵심적인 현상은 언어의 변화였다. 첫째, 성령을 받은 사도들이 세계 각지에서 온 사람들의 "난 곳 방언" 즉 모국어를 방언으로 받았다행 2:8. 둘째, 그들은 성령의 충만함을 받고 예수 그리스도의 복음을 증거했다행 2:14-38. "진리의 성령이 오실 때에 그가 나를 증언하실 것이요"요 15:26. 이는 진리의 영이 진리의 주를 증거하심이다. 그러므로 "성령으로 아니하고는 누구든지 예수를 주시라 할 수 없"다고전 12:3.

성령은 결코 거짓과 공존하실 수 없으며마 12:27-28; 롬 9:1, 거짓의 아비의 역사를 용납하실 수 없다이 부분은 제 23장에서 더 자세히 다루겠다. 그러므로 주의하라. 성령의 감동 없이 성경 지식만 쌓으면 지적 비만에 빠지고, 진리의 조명 없이 영적 현상만 구하면 신비주의에 빠진다. 진리의 성령은 진리의 말씀과 함께 일하심을 알라 겔 2:2; 요 4:24; 엡 6:17; 딤후 3:16.

성령 안에서 갖는 말씀 체험은 본질을 꿰뚫는 체험이다. 세상 학문은 존재와 사건의 일면을 조명하지만, 성령은 신의 언어를 통해 본질을 꿰뚫으신다. 하나님께서 욥의 질문에 일일이 답변하지 않으셨는데도 욥은 그 음성만으로 본질을 깨달았다 욥 42:5. 성령 안에서 말씀 체험을 하면, 우리는 하나님의 깊은 진리를 통달하는 감격을 경험한다 고전 2:10.

모세는 불꽃을 보러 갔다가 하나님을 만났고 출 3:4, 제자들은 변화산에서 모세와 엘리야를 바라보다가 오직 예수만 보게 되었다 눅 9:36. 이처럼 우리는 아름다운 자연을 바라보다가 창조주를 보게 되고 롬 1:20, 성경을 보다가 나의 주 예수 그리스도를 보게 된다 요 5:39. 성령의 임재 가운데 보는 성경은 하나님을 바라보게 하는 창문이다.

성령의 임재 가운데 말씀의 불꽃이 그대 영혼에 붙게 되기를신 4:33 사모하라. 그러면 엠마오로 가던 두 제자처럼 성경이 풀어지고 마음이 뜨거워지며 눅 24:32, 마가 다락방의 사도들처럼 확신을 갖고 담대히 주님을 증거하게 된다 행 2:3.

또한 성령의 임재 가운데 말씀의 불꽃이 임하면 마음에 있는 교만의 불, 분노의 불, 악의의 불들을 소멸할 뿐 아니라, 생각에는 질서를, 마음에는 평안을, 의지에는 거룩을 허락한다. 왜냐하면 성령의 불은 모든 거짓을 태우고 진리의 주님을 닮아 가게 하기 때문이다.

마른 뼈가 살아나려면 생기가 불어야 하고 겔 37:10, 성경이 살아나려면 성령의 불이 임해야 한다. 왜냐하면 하나님이 타락한 인간의 언어로 그분의 뜻을 알리신 데다가, 인간은 왜곡된 언어로 성서를 해석하려 하기 때문이다. 그러므로 하나님의 언어는 하나님의 영의 감동 감화가 없이는 결코 열리지 않는다.

신의 언어는 성령의 감동으로 기록 encoding 되었기에 성령의 조명으로 해석 decoding 되어야 한다. 성령으로 영들을 분별하고 요일 4:1-3, 인도받고 갈 5:18, 기도하고 롬 8:26, 환상을 보고 행 2:17, 은사를 사용하라 고전 12:7. 거룩한 환상도 영적 은사도 핵심은 예수 그리스도와 하나님의 나라다 행 1:3, 2:22-47. 성령은 장차 받을 기업인 천국을 미리 맛보게 하사 보증하시는 분이다 엡 1:14. 그러므로 하나님의 말씀과 세계는 성령 안에서 경험된다.

성령이 주시는 거룩한 상상력을 받으라. 이는 하나님의 사랑에서 나오는 비전이요 창의성이다. 결코 신비로운 공상에 빠지는 것이 아니다. 이제 말씀에 뿌리를 내리고 창공에 이르기까지 가지를 펼치라. 야곱의 사다리를 타고 천상에 이르러 하나님의 세계를 바라보라.

또한 우리에게 자녀 됨의 신분을 회복하신 분은 예수님이시지만요 1:12, 그 신분에 걸맞은 삶을 회복하신 분은 성령님이시다. 사실 죄 가운데 타락하여 육체로 전락한 인간은창 6:3 언어적 기능에 치명적 장애가 생겨창 11:9 신과도 인간과도 불통의 존재가 되어 버렸다. 그러나 성령이 다시 임하사 놀라운 소통의 언어를 회복하셨으니, 언어적 존재로서의 위상을 회복하심이다.

진리의 성령은 소통의 영이시다. "주 예수 그리스도의 은혜와 하나님의 사랑과 성령의 교통하심헬. 코이노니아이 너희 무리와 함께 있을지어다"고후 13:13. '교통하심'은 우리와의 소통communication 을 통해 연합communion 을 이루시는 성령님의 사귐fellowship 을 의미한다. 이는 당신의 자녀들과 소통을 바라시는 하나님의 깊은 갈망이 아니던가.

거룩하신 하나님의 영이 내게 임하시다니, 이 얼마나 감격스러운 일인가! 제사장도 두려워하고레 10:3 선지자도 두려워하지사 6:5 않았는가. 그런데 이제 자녀 된 우리 각 사람에게 성령이 강림, 내주, 충만, 감동, 인도, 역사하시는 시대가 되었으니, 심히 복되도다!

이제 그대 영혼 안에 말씀의 불꽃이 꺼지지 않도록레 24:2 성령의 충만함을 사모하라. "우리 구주 예수 그리스도로 말미암아 우리에게 그 성령을 풍성히 부어 주사"딛 3:6. "술 취하지 말라 이는 방탕한 것이니 오직 성령으로 충만함을 받으라"엡 5:18.

얼마나 갈망하던 일인가. 육적인 존재에서 영적인 존재로, 불통의 인생에서 소통의 인생으로 변화되고, 더 이상 하나님과의 대화가 낯설지 않고, 하나님과의 소통이 어렵지 않고, 하나님과의 공감이 쉽게 이루어지는 존재가 되었다. 하나님의 언어가 때로는 폭풍처럼 때로는 미풍처럼 들려오고, 하나님의 뜻이 자연히 내 안에 스며들게 되었으니갈 5:25, 이제는 영에 속한 사람고전 2:13이 된 것이다. 비로소 '그리스도인', 즉 작은 그리스도가 됨이 아닌가.

그러면 그대의 언어도 성령 안에서 미풍처럼 따스하고 폭풍처럼 강렬하게 되리라. 성령이 말하게 하심을 따라 말하는 존재가 되었으니, 놀라운 영적 자유와 언어적 자유를 체험하리라. 그리고 이제 하나님께서 그대를 어두운 세상 가운데 빛으로, 거짓의 세상 가운데 진리의 증언자로 파송하시리라. 아버지께서는 성서를 통한 우리의 대화 속에 아직 들어오지 못한 사람들도 함께하기를 원하시기 때문이다. 이제 다이얼로그는 트라이얼로그 trialogue, 삼자간 대화가 되어야 하기 때문이다 요일 1:3.

> **하나님**이 보내신 이는 **하나님의 말씀**을 하나니 이는 **하나님이 성령**을 한량없이 주심이니라 요 3:34

3 | 트라이얼로그
Trialogue | 변화

17
영혼의 회복

오라 우리가 여호와께로 돌아가자 호 6:1

문명은 발전을 이야기하지만 성경은 회복을 말한다. 인간은 퇴보의 내리막길에 서지 않고 발전의 오르막길에 서려고 애를 쓴다. 하지만 성서는 우리에게 진보와 퇴보의 고리에서 벗어나 완전히 새로운 사람이 되라고 말한다.

> 그러므로 우리가 낙심하지 아니하노니 우리의 겉사람은 낡아지나 우리의 속사람은 **날로 새로워지도다**
> 고후 4:16

육신의 장막은 퇴보할 수밖에 없다. 하지만 우리의 영혼은 새로워질 소망이 있다. 그것은 미래를 지향하는 소망이 아니라 영원을 지향하는 소망이다 고후 4:17. 우리가 진정 원하는 변화는 "새로운 것"행 17:21으로의 진보가 아니라 본질적인 것으로의 복귀이기 때문이다.

"천지는 없어질지언정 내 말은 없어지지 아니하리라"마 24:35. 물질세계는 다 사라지겠지만, 신의 언어는 영원하다. 그런데도 사람들은 말씀을 도구로 사용하여 지상에서 성공적인 삶을 살아 보려고 온갖 애를 쓴다. 영원한 것을 사라질 것들을 위한 땔감으로 사용하는 격이다.

"여호와 하나님이 그 사람을 이끌어 에덴동산에 두어 그것을 경작하며히. 아바드, '섬기다' 지키게 하시고"창 2:15. 아담의 경작은 결코 애를 쓰는 노동이 아니었다. 그는 그저 하나님이 지으신 창조의 섭리대로 순응하기만 하면 되었다는 뜻이다. 그러나 타락한 이후에는 애를 써서 "평생에 수고하여야" 땅의 소산을 먹게 되었다창 3:17.

성경 읽기도 마찬가지다. 타락 이전 인간의 심령은 에덴의 토양 같아서 말씀을 듣기만 해도 이해되고 믿어졌다. 그러나 타락 이후 인간의 마음은 길가와 돌밭과 가시밭마 13:4-7이 되어서 "묵은 땅을" 갈아엎어야만 호 10:12 말씀을 품을 수 있는 상태가 되었다.

감사하게도 생명의 말씀이신 주님을 만나는 순간 우리 영혼 깊은 곳에 잠자던 영적 회귀 본능이 깨어난다. 예수님이 자신을 "나는 부활이요 생명이니"요 11:25 라고 소개하신 이유가 있다. 사람은 경험적으로 부활을 체험해야 생명의 주님을 알아보기 때문이다. 그러나 존재적으로는 원래부터 그분은 생명의 주님이셨다. 이제 우리는 그 지점으로 돌아가야 한다.

> 만물이 주에게서 나오고 주로 말미암고 주에게로 **돌아**
> **감이라** 그에게 영광이 세세에 있을지어다 아멘 롬 11:36

성경과 현실의 괴리는 인간의 타락 때문이지 진리의 말씀 때문이 아니다. 다만 인간과 세상의 창조와 경영이 말씀 안에 있듯이, 이제 그 회복도 말씀 안에 있다 고후 5:17; 롬 8:21. 우리는 돌아가야 한다. 신의 언어로 돌아가고, "하나님의 형상"창 1:27으로 돌아가야 한다. 그 길이 "그리스도의 형상"갈 4:19을 이루고 "성령의 열매"갈 5:22-23를 맺는 길이다. 결국 우리는 하나님과의 행복한 교제 관계로 돌아가려 함이다.

"**오라** 우리가 여호와의 산에 오르며 야곱의 하나님의 전에 이르자 그가 그의 길을 우리에게 가르치실 것이라 우리가 그 길로 행하리라 하리니 이는 **율법**이 시온에서부터 나올 것이요 **여호와의 말씀**이 예루살렘에서부터 나올 것임이니라"사 2:3. 우리가 성서로 돌아가는 것은 여호와께로 돌아가기 위함이요, 그 길이 바로 인간 본연의 모습으로 돌아가는 길이다.

이것이 참된 경건이다. 경건godliness 은 신비로운 경지에 이름이 아니라 하나님을 예배함이다. 신경직으로 "경건"벧후 1:7, 헬. 유세베이아 은 '좋은 예배'이고 "불경"롬 1:18, 공동, 헬. 아 세베이아 은 '예배하지 않음'이다. 인간이 아무리 문명의 발전과 종교적 고양과 인권의 회복을 추구해도, 하나님을 예배하지 않는 한 반드시 영적, 도덕적 변질을 경험할 수밖에 없다. 왜 그런가? 인간은 본래 경배하는 존재로 창조되었기 때문이다사 43:21.

영성의 목표는 하나님과의 동일시identification요 동화assimilation다. 이는 선하고 거룩하신 하나님을 닮고 싶은 갈망이다. 다만 뱀처럼 거짓되게 이 갈망을 채우려 하면창 3:5 절망뿐이지만, 영과 진리로 겸손히 예배하면요 4:24 영혼의 소망을 이루게 된다. 왜냐하면 "아버지께서는 자기에게 이렇게 예배하는 자들을 찾으시"기 때문이다요 4:23.

> 내가 거룩하니 너희도 거룩할지어다 레 11:45
> 하늘에 계신 너희 아버지의 온전하심과 같이 너희도 온전하라 마 5:48

사탄은 오늘날에도 신의 경지에 이르는 인간의 진보를 꿈꾸게 하지만, 잊지 말라. 우리는 원래 '하나님의 형상'이다. 없는 것을 얻으려는 것이 아니라, 있던 것을 되찾으려는 것이다. "아버지여, 잃어버린 것을 회복하게 하소서"라고 기도하라. 예수님이 완전한 하나님이시면서 완전한 인간이 되신 것은 여전히 죄 많고 유한한 우리도 온전히 회복될 수 있음을 보여 주시기 위함이다.

이 얼마나 놀라운 소망이요 지향점인가! 성화의 문제와 씨름하다가 구원의 확신까지 흔들린다면, 창조의 원점으로 돌아가라. 우리는 성화의 최고봉에 이르려는 것이 아니라 본래의 자리로 돌아가려는 것이다. 하나님의 형상으로의 창조form를 원수가 변질deform 시켰지만, 우리가 돌이켜 말씀에 순종conform, 롬 12:2, NIV하면 자녀 됨을 회복reform 한다. 이후로 땅에서는 성화Transform, 롬 12:2, NIV를, 천국에서는 영화Transform, 빌 3:21, NIV를 경험하게 된다.

거룩의 원형archetype이신 하나님과 거룩의 모범prototype이신 그리스도를 바라보자히 12:2. 무지하던 시몬이 "예수 그리스도의 은혜와 그를 아는 지식에서 자라 가라"벧후 3:18고 말하는 사도가 되지 않았는가. 혈기 많던 요한이 "우리가 말과 혀로만 사랑하지 말고 행함과 진실함으로 하자"요일 3:18고 권면하는 사도가 되지 않았는가.

우리도 우리 안에 심어 두신 하나님의 거룩의 가능성을 일깨울 길이 있다.

모든 성경은 하나님의 감동으로 된 것으로 교훈과 책망

과 바르게 함과 의로 교육하기에 유익하니 이는 **하나님의 사람으로 온전하게 하며** 모든 선한 일을 행할 능력을 갖추게 하려 함이라 딤후 3:16-17

신의 언어로 돌아가면 된다. 하나님의 감동으로 충만한 책으로 돌아가면 된다. 왜냐하면 성경은 "교훈"을 통해 기준을 주고, "책망"을 통해 어긋난 부분을 진단하고, "바르게 함"을 통해 어긋난 부분을 회복하고, "의로 교육함"을 통해 바르게 성장시켜 우리를 "온전하게" 하기 때문이다. 성화는 불가능하고 영화는 요원해 보이는가? 하지만 이 길고 긴 성화의 혈투와 여정 가운데 우리에게는 최고의 무기인 성경이 있지 아니한가!

세상적인 인간관의 극단에 빠지지 말자. 성선설 性善說이라는 낙관론을 믿어 인본주의적 이상론에 빠지지도 말고, 성악설 性惡說이라는 비관론을 믿어 무신론적 운명론에 빠지지도 말라. 성경은 둘 다를 이야기한다. 인간은 전적으로 타락한 비참한 존재가 맞다. 하지만 본래는 신의 형상으로 창조된 영광스러운 존재다. 우리는 현실도 이상도 외면하지 않은 채 오직 신의 언어로 돌아갈 것이다. 비참한 현실과 영광스런 이상 사이를 넘어설 길이 오직 여기에 있기 때문이다.

그런즉 누구든지 그리스도 안에 있으면 새로운 피조물
creation, NIV, 헬 크티시스, '창조'이라 이전 것은 지나갔으니 보
라 새것이 되었도다 고후 5:17

그렇다. 진리의 말씀이신 그리스도 안에서 인간은 재
창조re-creation된다. 여기에 성서의 위대한 능력이 있다. 하
나님의 사람이여, 성서의 말씀이 자신을 재창조하도록 삶
을 의탁하고 있는가? 우리에게 아무리 신앙 경력과 직분
과 체험과 섬김이 있을지라도 고전 1:5, 주님을 닮지 못한
다면 공허한 영혼과 이중적인 신앙을 벗어날 수 없다 고전
3:3. 형제자매여, 이제 그대 무릎을 성경 앞에 꿇고 통회하
고 사모하며 열독하고 심취하라. 여기에 "청결한 마음과
선한 양심과 거짓이 없는 믿음"딤전 1:5의 길이 있기 때문
이다.

하나님이여 내 속에 정한 마음을 **창조하시고** 내 안에
정직한 영을 **새롭게 하소서** 시 51:10

세상도 문명의 발전이 느려져서 망하지 않는다. 오히
려 진리의 말씀이 없어서 가치관의 혼란과 도덕의 붕괴
에 빠진다. **"묵시가 없으면** 백성이 방자히 행하거니와"
잠 29:18. 또한 하나님의 교회도 외적으로 부흥하지 못해

서 무너지지 않는다. 오히려 교회의 본질인 생명의 말씀이 없으면 영적 혼란과 세속주의와 율법주의로 무너진다. "내 백성이 **지식이 없으므로** 망하는도다 네가 지식을 버렸으니 나도 너를 버려 내 제사장이 되지 못하게 할 것이요"호 4:6.

사울왕처럼 하나님과 거래하려 하지 말고삼상 15:25, 다윗처럼 하나님의 말씀에 순종하라왕상 9:4. 목적지에 빨리 가고 싶어서 성급해하지 말고, 항상 바른 출발점에 서는 연습을 하라. 하나님을 내 곁에 당겨 오려고 하지 말고, 내가 먼저 하나님 곁으로 다가가라. 자기 이익을 위해 신의 언어를 이용하지 말고, 신의 언어에 철저히 순복하라. 우리 안에 신의 형상이 복원되면 세상이 감당하지 못할 인생이 되고, 음부의 권세가 이기지 못할 교회가 되리라.

오늘도 또 하루 말씀의 생수로 영혼을 목욕하고, 진리의 새 옷으로 영혼을 단장하라. 그리고 매일의 삶을 연주하기 전 신의 언어로 그대의 영혼을 조율하라. 그러면 위로부터 "새 영"이 부어지고 "새 마음"겔 36:26이 일어나 그분과 손을 잡고 행복한 동행을 하게 되리라.

신의 형상인 그대여, 날마다 우리를 새롭게 복원하시는 하나님의 사랑과 그리스도의 은혜와 성령의 교통하심을 의지하자. 매일 창조주의 호흡 앞에 서고, 구세주의 음성을 경청하고, 보혜사의 임재 안에 머물자. 거짓의 아비와 말을 섞으며 살지 말고, 진리의 아버지 하나님과 종일토록 함께 길을 가며 대화하며 살자 창 5:24.

그러면 어느 날 시간의 종착역에서 영원의 문턱 앞에 서게 될 때, 그곳이 결코 낯설지 아니하리라. "생명수 강"이 흐르고 "생명나무"가 있는 이곳이 원래 우리가 떠나왔던 동산이며, 이제야 아버지 집에 돌아온 것임을 알게 되리라 눅 15:20; 요 14:2.

18
성경적 인간

그가 내게 말씀하실 때에 그 영이 내게 임하사 겔 2:2

신의 언어로 돌아가면 하나님의 형상이 회복된다. 단지 언어가 변할 뿐인데 존재가 변하는가? 그렇다. 모든 언어는 존재의 표현이기 때문이다. "이는 마음에 가득한 것을 입으로 말함이니라" 눅 6:45. 그러므로 존재적 변화를 원한다면 언어가 아닌 마음을 바꿔야 한다. 선하신 하나님의 언어로 내면을 채워야 한다.

그러면 언어의 미로 속에 갇혔던 그대가 언어의 대로 위에 서게 될 것이다. 타락한 세상의 언어는 인류를 지적 우월감과 자기연민과 자기 맹신의 미로에 가둬 두었었다. 하지만 하나님의 말씀은 하나님의 사람을 온전하게 해 바른 언어의 대로 위에 세워 주었다.

날마다 밤에는 세속의 언어를 비우고 아침에는 신의 언어로 채우라. 그리고 낮에는 반복해서 정결한 신의 언어를 사용하라. 그러면 우리는 존재의 전면적인 변화를 체험하게 될 것이다. 먼저 말씀은 우리의 혼인격을 만져 준다.

첫째, 성경은 인간의 지성知性을 온전하게 한다. 하나님이 없는 이성은 생각만 많고 무질서하지만, 신의 언어로 충만한 이성은 생각에 질서가 부여된다. 이전에는 자신의 지성이 판단 기준이었지만, 이제는 나의 지성의 모든 기능과 활동이 말씀 앞에 경배하게 된다. "모든 생각을 사로잡아 그리스도에게 복종하게 하니"고후 10:5.

그때 하나님이 놀라운 기억력요 14:26과 풍부한 상상력엡 3:20과 탁월한 논리력과 예지력창 41:25, 그리고 지혜와 총명단 1:20을 주신다. 그래서 이것을 체험한 선지자가 감탄하지 않았는가. "주 여호와께서 학자의 혀를 내게 주사 나로 곤핍한 자를 말로 어떻게 도와줄 줄을 알게 하시고 아침마다 깨우치시되 나의 귀를 깨우치사 학자같이 알아듣게 하시도다"사 50:4, 한글.

어떻게 사람이 갑자기 지혜로워지는가? 인류의 지혜는 축적된 지혜지만, 말씀의 지혜는 하늘에서 임하는 지혜이기 때문이다. 하늘의 지혜는 집요한 악인들보다, 지식을 쌓아 온 스승보다, 그리고 연륜을 쌓아 온 노인보다 그대를 지혜롭게 할 수 있다.

주의 계명들이 항상 나와 함께하므로 그것들이 나를 **원수보다** 지혜롭게 하나이다 내가 주의 증거들을 늘 읊조리므로 나의 명철함이 나의 모든 **스승보다** 나으며 주의 법도들을 지키므로 나의 명철함이 **노인보다** 나으니이다 시 119:98-100

둘째, 성경은 인간의 감성感性 을 온전하게 한다. 하나님 없는 감성은 불안하기 그지없어 기쁨과 우울 사이를 오가고, 사랑과 미움 사이를 방황하며, 분노와 절망 가운데 좌초된다. 하지만 신의 언어로 충만한 마음은 참된 평안을 얻는다. 순간적인 기분이 아니라 진리의 말씀 위에 기초하기에 내면의 감정이 잔잔한 호수처럼 안정되는 것이다.

"하나님 우리 아버지와 주 예수 그리스도로부터 **은혜와 평강**이 너희에게 있을지어다"엡 1:2. 절대적 평강은 절대적 은혜가 전제되어야 한다. 분열과 불안이 가득한 인간의 존재는 이 모든 것을 덮는 하늘의 은혜의 언어가 들려올 때만이 온전한 평안을 경험하게 된다.

하지만 신의 언어 안에서 얻게 되는 평안은 오히려 더 깊고 섬세한 감수성을 갖게 한다. 영적인 침체에 빠진 영혼을 위해서는 탄식하게 되고 롬 8:26, 세상의 타락과 더러움에 대해서는 근심하게 되고 엡 4:30, 진리의 말씀 앞에서

성경적 인간 —

는 충만한 기쁨이 넘치게 된다 살전 1:6.

셋째, 성경은 인간의 의지意志를 온전하게 한다. 하나님 없는 의지력은 약해도 탈이고 강해도 탈이다. 너무 약하면 결정 장애에 빠지고 너무 강하면 자기 과신에 빠진다. 그러나 신의 언어로 충만한 의지는 강약 조절이 가능해진다. 그분이 가라 하시면 가고, 머물라 하시면 머물기 때문이다 민 9:17-18.

그대가 선하신 주님의 청지기임을 깨닫는 순간, 순종은 자유의지가 발휘할 수 있는 가장 강력한 행동이 된다. 악한 의지는 사라지고 거룩한 의지가 솟아나며, 약한 의지 대신 "하나님의 선하시고 기뻐하시고 온전하신 뜻" 롬 12:2 을 이루고자 하는 불굴의 의지가 생겨난다.

이러한 의지는 사탄의 충동이 아닌 성령의 감동을 따른다. 그리하여 인간적인 마음 대신 "그리스도의 심장" 빌 1:8 을 품게 되고, 육체의 욕망 대신 성령의 소욕을 따르게 되어 갈 5:17 나의 인격 안에 성령의 열매를 온전히 맺는 기쁨을 누리게 된다.

신의 언어는 인격적이기 때문에 정보적informative 이기보다 형성적formative 이다. 인간이 호모 로퀜스 homo loquens, 즉 언어적 인간이 된 것은 인간의 언어가 정보를 소통하기 때문이 아니라, 내면의 존재를 터치하고 변화시키기 때문이다.

거짓의 언어는 인격을 파괴하지만 신의 언어는 인격을 회복한다. 주님이 내 안에 사랑으로 임하셔서 겸손과 자존감을 동시에 채워 주시기 때문이다. 결코 영적 우월감으로 자신을 신격화 self-deification 하거나 영적 자괴감으로 자신을 비하 self-degradation 하지 않는다.

신의 언어로 돌아가는 것이야말로 인간성 humanity 의 회복일 뿐 아니라 신성 divinity 의 회복이다요 10:35. 우리 안에 하나님의 형상이 복원되는 것이기 때문이다. 그러므로 성경적인 참된 인간상人間像은 신성과 인성을 겸비한 거룩한 인간성 divine humanity에 있다.

이것은 어찌 보면 인간이기를 내려놓는 것이다. 내가 죽고 내 안에 주님이 사시는 것이다갈 2:20. 이런 삶은 세상 재미와는 다른 차원의 기쁨이 충만한 삶이다. 이렇게 전존재가 신의 언어로 회복된 사람이 성경적 인간, 즉 호모 비블리쿠스 homo biblicus [36]다.

성자가 걸어 다니는 성서 the Walking Bible 이셨던 것처럼, 이제 성경적 인간도 "예수님이 하신 것과 똑같이"요일 2:6, 현대인 세상 앞에 펼쳐진 성경이 되어 살아간다.

> 너희는 우리의 편지라 우리 마음에 썼고 뭇 사람이 알고 읽는 바라 너희는 우리로 말미암아 나타난 **그리스도의 편지**니 이는 먹으로 쓴 것이 아니요 오직 살아 계신

성경적 인간 —

하나님의 영으로 쓴 것이며 고후 3:2-3상

그리스도의 편지는 하나님의 영으로 쓰인 것이다. 성경은 성령의 작품이요, 성경적 인간 또한 성령의 작품이다. 인간은 말씀과 성령으로 창조되었고, 말씀과 성령 안에서 되살아난다. 그러므로 그대여, 말씀과 성령으로 충만하라 겔 2:2. 그것이 성경적 인간으로 사는 삶이다.

신의 언어가 부른다. "나를 따르라" 막 2:14. 하지만 인간의 논리logos 와 감성pathos 과 윤리ethos 는 완벽한 그 경지를 다 따를 수 없지 않은가. 그럼에도 불구하고 말씀과 성령의 충만함으로 따라가면, 놀랍게도 우리의 삶에 근본적인 변화가 일어난다. 어느 순간부터 우리의 삶이 생각한 대로 되고시 33:11, 말한 대로 되고행 27:25, 뜻한 대로 된다 요일 5:14.

본래 타락한 인간은 불협화음이 가득한 존재였다. 생각과 삶이 겉돌고, 언행이 불일치하고, 언어와 인지가 부조화했었다. 그런데 생명의 말씀, 진리의 말씀에 나의 내면을 조율하니, 말씀과 삶의 싱크로율이 올라갈수록 내 삶은 놀라운 자유와 평안과 일치를 경험한다.

그것은 나의 언어가 신의 언어와 조화를 이루었기 때문이다. 수없이 말씀을 읽고 듣고 대했지만 그동안 삶을 얼마나 많이 망쳤었는가. 하지만 성령의 감동 안에 말씀이 내 안에 차오를 때, 마치 악보를 외우고 연주하는 연주자처럼 내 삶이 말씀을 아름답게 표현하기 시작한다. 그렇다. 거룩이 일상이 되고 일상이 거룩이 되는 삶은 그토록 바라던 삶이 아니던가.

말씀과 삶이 일치하니, 이는 주님과 내가 일치함이다. 이것이 주님과 내가 이심전심以心傳心이 되는 단계다 갈 5:25, 이 부분은 제13장에서도 다루었다. 주님이 말씀하시면 내가 동의하고, 내가 말씀드리면 주님이 수긍해 주신다. 주님과 나의 시선이 일치하고 동선이 일치하니, 인간 언어의 정점을 경험함이고 존재의 최고점을 경험함이다.

내 입의 말과 마음의 묵상이 말씀과 성령으로 충만하게 되는 것, 이것은 회복인 동시에 혁신이다. 이것이 진정한 신인류가 아닌가! 세상 그 어떤 성취를 이루는 것보다 말씀으로 내면을 일치시키는 것, 즉 성경적 인간이 되는 것이 인간이 갖는 최고의 존재 이유 아닌가!

이들은 어디서 온 사람들인가? "이르시기를 **나의 기름 부은 자**에게 손을 대지 말며 **나의 선지자**를 해하지 말라 하셨도다"대상 16:22. 다윗은 이스라엘 백성 전체가 기름 부음 받은 자요 선지자라고 선언했다. 다시 말해, 성경적 인간은 소수의 영적 초인들이 아니라, 성령의 감동 가운데 신의 언어로 말하는 모든 사람을 이르는 말이다. 이제 성도들은 "왕 같은 제사장들"벧전 2:9일 뿐 아니라 "거룩한 선지자들"^{행 3:21}이 됨이다.

그대 성경적 인간이여, 다시금 동산 한가운데 서라. ·이제는 선악과가 아닌 생명나무를 선택하며 살라. 실패를 두려워할 필요는 없다. 성경적 인간은 실패가 없는 완벽한 인간이 아니라 주의 말씀 안에 끊임없이 거하는 온전한 인간이기 때문이다.

네가 진리 안에서 행한다 하니 내가 심히 기뻐하노라

요삼 1:3

19
신의 언약

내 입에서 나가는 말도 이와 같이 헛되이
내게로 되돌아오지 아니하고 나의 기뻐하는 뜻을 이루며 사 55:11

신의 언어는 약속의 언어다. 약속은 과거와 현재와 미래를 하나로 묶어 주는 강력한 실타래다. 과거에 맺어지고 미래에 완성될 약속은 현재를 지탱해 주는 힘이 된다. 그렇게 하나님은 시간의 역사를 하나님의 약속이라는 구원의 줄로 팽팽하게 연결해 놓으셨다.

그리고 그 구원의 "붉은 줄"수 2:18이 되신 분이 바로 "새 언약의 중보자이신 예수"히 12:24이시다. 예수 그리스도는 과거 하나님의 약속이시자 현재 믿음의 주이시요 장래에 영원한 소망의 문이 되신다. 진실로 그리스도는 약속을 완성하시는, 약속의 성취이시다.

성경은 약속의 말씀이다. "구약"고후 3:14은 "첫 언약"히 8:7이며 "신약"은 "새 언약"히 8:8이다. 구약과 신약은 동일한 저자이신 하나님께서 말씀하시기에 다양한 시대에 다양한 장르로 다양한 필자들이 기록했을지라도, 반복되는 동일한 약속을 노래한다. 마치 후렴구에서 테마를 반복하는 작곡가와 같고, 주제에 대한 복선을 반복해서 깔아 두는 소설가와 같다.

그러므로 구약과 신약은 불연속이 아니라 연속이다. 하지만 바울 사도는 "법조문으로 된 계명의 율법을 **폐하셨으니**"엡 2:15 라고 선언하지 않았는가. 그런데 정반대로 예수님은 "내가 율법이나 선지자를 **폐하러 온 줄로 생각하지 말라**"마 5:17 고 말씀하셨다.

그러면 신약의 복음은 구약의 율법을 폐하는 것인가, 아닌가? 여기에 역설적 진리가 있다. 언약은 이어달리기 같아서 앞서 달린 주자는 멈추지만 언약의 바통-baton은 새 주자가 받아 마지막 골인 지점에까지 이른다. 그래서 주님은 율법을 "완전하게 하려 함이라"마 5:17 말씀하셨다. 사도 바울도 "그리스도는 모든 믿는 자에게 의를 이루기 위하여 **율법의 마침**이 되시니라"롬 10:4 라고 선언하였다. 여기서 '마침'헬. 텔로스은 '끝'이자 '완성'을 의미한다.

그래서 부활의 주님이 제자들에게 구약을 풀어서 설명하시지 않았는가. "모세의 율법과 선지자의 글과 시편"이 모두 그리스도를 예표하는 것이라고 하셨다 눅 24:44. 이제 예수 그리스도는 옛 언약의 성취자이시자 동시에 새 언약의 중보자가 되셨다.

그런데 이 언약은 맺는 것인 동시에 자르는 것이다. "아브람이 그 모든 것을 가져다가 그 중간을 쪼개고 그 쪼갠 것을 마주 대하여 놓고"창 15:10. 언약은 목숨 걸고 지키는 것이요, 어기면 목숨을 내놓는 것이다. 그렇게 하나님의 언약은 쌍방적인 언약이며, 순종하는 자에게는 축복이요 불순종하는 자에게는 저주가 임하는 양날 선 검이다.

> 네가 네 하나님 여호와의 말씀을 청종하면 이 모든 복이
> 네게 임하며 네게 **이르리니** … 네가 만일 네 하나님 여
> 호와의 말씀을 순종하지 아니하여 내가 오늘 네게 명령
> 하는 그의 모든 명령과 규례를 지켜 행하지 아니하면 이
> 모든 저주가 네게 임하며 네게 **이를 것이니** 신 28:2, 15

여기서 '이르다'는 말은 원어상 "미치다"한글, "따르다"표준, "사로잡다"공동는 뜻이다. 내가 말씀에 순종하면 사양해도 온갖 복이 나를 쫓아와서 사로잡는다. 하지만 내가 불순종하면 도망다녀도 온갖 저주가 나를 쫓아와서 덮친다. 하나님의 말씀은 축복이자 저주요 생명이자 죽음이니, 이 언약의 언어는 은혜로운 특권이자 중대한 의무다.

왜 아니 그렇겠는가. 신구약의 가교가 되시는 그리스도가 양날 선 말씀의 검이 아니신가. "아들이 있는 자에게

는 생명이 있고 하나님의 아들이 없는 자에게는 생명이 없느니라"요일 5:12. 은혜의 복음은 율법의 연속선이요 완성이라 하지 않으셨는가.

하나님은 사람에게 언약을 잘 지키라고 누차 말씀하신다. 그러면 반대로 하나님이 언약을 잘 지키실지는 어떻게 아는가? 사실 약속이라는 것이 일종의 구속 아닌가. 온 우주의 주권자이신 그분이 약속이라는 방식으로 그분 자신도 이 의무를 다하겠다고 선언하신 것이다.

왜 그러셨는가? 그분 안에 있는 사랑과 믿음과 소망 때문이다. 하나님이 우리를 사랑하지 않으셨다면 왜 굳이 약속을 시작하셨겠는가? 하나님이 하나님의 형상들에 대한 믿음이 없으셨다면 어떻게 이 약속을 지탱하시겠는가? 하나님이 이 약속의 온전한 완성을 소망하지 않으신다면 왜 역사를 아직도 붙들고 계시겠는가? 신은 신의 언어에 대한 믿음이 있으시다. 하나님은 이 약속을 반드시 지키신다.

하나님은 인생이 아니시니 **식언치 않으시고** 인자가 아니시니 후회가 없으시도다 어찌 그 말씀하신 바를 행치 않으시며 하신 말씀을 실행치 않으시랴 민 23:19, 한글

하나님은 절대 거짓말하지 않으신다. 빈말도 하지 않

으신다. 이는 그분의 영원성에 기초한 신실하심 때문이다. 그러므로 창조의 명령은 실언失言이 아니요, 구속의 언약도 식언食言이 아니다. 하나님은 지으신 그대로 반드시 회복하신다. 반드시 이 일을 이루신다빌 1:6.

그대여, 이 언약서를 읽고 지키는 것을 부담스러워 말라. 그리스도는 이 언약을 지키기 위해 목숨을 바치셨다. 성서는 피로 맺으신 언약눅 22:20이요 사랑의 혈서가 아닌가. 언약의 당사자여, 그대는 자신의 언어에 대한 믿음이 있는가?

솔직히 인생은 너무나 쉽게 흔들리지 않는가. 그러나 감사하라. 하나님은 언약을 맺으실 뿐 아니라 언약을 지킬 내적인 힘을 주신다. 그것은 바로 신의 언어가 그대 안에 새겨지는 것이다.

> 나 여호와가 말하노라 그러나 그날 후에 내가 이스라엘 집에 세울 **언약**은 이러하니 곧 내가 나의 법을 그들의 속에 두며 그 **마음에 기록하여**히. 카타브, 새기다, inscribe, engrave 나는 그들의 하나님이 되고 그들은 내 백성이 될 것이라 렘 31:33, 한글

옛 언약은 석비와 지면파피루스에 새겼지만, 새 언약은 심비에 새긴다. 율법은 할례로 몸에 새기지만, 말씀은

성령으로 심비에 새긴다. 심비에 아로새겨진 말씀으로 인해 그대는 진정 걸어 다니는 성서 a walking Bible 가 되고, 성경적 인간으로 생동하며 살아가게 된다.

성서가 영혼에 아로새겨진 사람은 주님과의 동일시 identification 및 동화 assimilation[37]를 넘어 존재 간의 일치 agreement를 경험한다. 그러고는 놀라운 선언을 하게 된다. "누가 주의 마음을 알아서 주를 가르치겠느냐 그러나 우리가 그리스도의 마음을 가졌느니라" 고전 2:16. 내 안에 그리스도의 심장이 뛰고, 내 안에 예수의 마음이 충만해지다니!

이렇게까지 하나님께서 나에게 집착하시는 이유가 무엇일까? "내가 너를 사랑함이라." 언약은 사랑이다. 성경 전체를 보라. 하나님은 실로 수많은 약속을 남발하셨다![38] 이 수많은 약속은 사랑에 빠진 분이 아니고는 하실 수 없는 약속들이다. 영원히 당신을 사랑하겠다고, 끝까지 당신을 지키겠다고 하신 이 약속은 하나님만이 지키실 수 있다.

실로 성경은 신의 약속으로 출발하여 마지막에까지 이른다. 하나님이 인간과 언약을 맺으심은 그분이 우리와 일시적인 관계가 아닌 영원한 관계를 맺기 원하시기 때문이다. 이 약속의 언어를 붙들라. 그 언어가 그대를 영원의 문 앞에 인도하리라.

그러므로 언약적 언어의 특권과 책임을 둘 다 수용하라. 왜냐하면 하나님의 계명은 사랑 때문에 주신 은혜로운 명령이기 때문이다. 사랑하면 계명은 어렵지 않다. 은혜를 받으면 순종은 어렵지 않다.

> 그러므로 형제들아 내가 **하나님의 모든 자비하심으로 너희를 권하노니** 너희 몸을 하나님이 기뻐하시는 거룩한 산 제물로 드리라 이는 너희가 드릴 영적 예배니라
> 롬 12:1

모든 자비로 강권하고urge, NIV 간청하는beseech, KJV 언약의 언어가 바로 성서의 언어다. 변덕스런 주인의 눈치를 보는 노예의 삶이 아니라, 약속을 지키시는 인격적인 아버지와 교제하는 자녀의 삶을 사는 것이 얼마나 복된 삶인가.

왜인가? "천지는 없어지겠으나 내 말은 없어지지 아니하리라"막 13:31. 확실해 보이던 물질 세계는 다 사라지겠지만, 신의 언약만은 영원토록 확실하게 성취될 것이다. 이 언약의 말씀을 붙들고 우리는 지상의 가시밭길을 지나 천상의 보좌 앞에 서게 될 것이다.

이 예언의 말씀을 읽는 자와 듣는 자와 그 가운데에 기

록한 것을 지키는 자는 **복이 있나니** 때가 가까움이라

_{계1:3}

그대는 이 좋은 것을 얻었으니 "빼앗기지 아니하리
라" 눅 10:42. 주께서 생명을 쏟아 지켜 내신 이 언약의 팽
팽한 생명줄은 세상 그 누구도 그 무엇도 "끊을 수 없으리
라" 롬 8:39.

20
치유의 증언

내가 복음을 부끄러워하지 아니하노니 롬 1:16

인간은 언어의 통로다. 원하든 원치 않든 각 사람의 언어는 숨길 수 없는 영혼의 향취를 드러낸다. 마치 아벨의 제사는 "향기로운 냄새"출 29:18가 되고 가인의 제사는 아니었던 것처럼, 인간은 중심에 품은 것에 따라 진리의 향기가 나기도 하고 거짓의 악취가 나기도 한다. 사람은 언어를 통해 끊임없이 존재의 심연에서 향내를 풍기는 존재다.

우리가 날마다 신의 언어를 품어야 할 이유가 여기에 있다. 인간은 언어적 전도체이기 때문이다. 신의 언어가 나를 통해 전해질 때 변질되거나 희석되지 않으려면 신의 언어의 온도와 순도와 밀도와 강도를 담아 내야 한다. 그러할 때 내 영혼은 속에서부터 뜨거워지고 렘 20:9, 순결해지고시 12:6, 충만해지고겔 3:3, 강건해진다 단 10:19.

가서 성전에 서서 **이 생명의 말씀을** 다 백성에게 **말하라**

신의 언어를 증언하라는 명령은 선택받은 소수의 선지자와 사도들에게만 해당되는 것이 아니다. 증언은 신의 언어에 동참한 우리 모두에게 해당된다. 이는 세속의 언어에 젖어 영혼의 악취를 풍기던 우리가 신의 언어로 정결함을 얻었기 때문이며눅 15:22, 거짓의 언어에 묶여 사망의 그늘 아래 갇혔던 우리가 신의 언어로 구조되었기 때문이다엡 5:8.

우리는 **보고 들은 것을** 말하지 아니할 수 없다 행 4:20

예수께서 승천하시기 전 제자들에게 "내 **증인**이 되리라"행 1:8 말씀하신 것은 그들이 예수의 목격자eyewitness였기 때문이다. 영혼의 법정에서 원수가 아무리 거짓말을 늘어놓아도 목격자 한 사람이 증언하면 진위가 드러나고 수많은 생명을 살리게 된다.

누구든지 주의 이름을 부르는 자는 구원을 받으리라 그런즉 그들이 믿지 아니하는 이를 어찌 부르리요 듣지도 못한 이를 어찌 믿으리요 **전파하는 자**가 없이 어찌 들으리요 보내심을 받지 아니하였으면 어찌 전파하리요 기록된 바 아름답도다 좋은 소식을 전하는 자들의 발이여 함과 같으니라 롬 10:13-15

그대도 누군가의 증언으로 구원을 얻지 않았는가. 내 영혼의 불치병을 완치시켜 준 말씀에 어찌 침묵하겠는가. 물론 이 말씀에 거부감을 나타내는 사람들도 있다. 진리와 등지고 살아가던 영혼에게 신의 언어는 너무나 이질적이고 부담스럽기 때문이다 렘 23:29. 하지만 강도 만나거의 죽은 영혼에게는 너무나도 고마운 치유의 손길이 아닌가 눅 10:33-34.

예수님은 수가성 여인에게 "남편을 불러오라"요 4:16며 그녀의 가슴에 비수를 꽂으셨다. 그런데 놀랍게도 여인은 그 말씀을 듣고 치유함을 받았다. "여자의 말이 내가 행한 모든 것을 그가 내게 말하였다 증언하므로 그 동네 중에 많은 사마리아인이 예수를 믿는지라"요 4:39. 마침내 여인은 상처받은 치유자 wounded healer [39]가 되었고 증거받은 증언자 testified testifier 가 되었다.

신의 언어는 결코 상처를 덮어 두고 위로만 하지 않는다. 물론 인간의 언어도 때로는 병든 영혼을 위로하는 메시지가 된다. 하지만 죽어 가는 영혼을 진통제 하나로 살려 낼 수 없잖은가. 아니 주님 외에는 죽어 있는 영혼에게

잠든 것이라고 막 5:41 선언할 수 없다.

다만 혼동하지 말라. 상처는 드러나야 하되 주님 앞에 드러나야 한다. 원수의 고발과 정죄롬 8:33-34 는 우리의 상처를 드러내 수치와 절망으로 몰아가지만, 주님은 우리의 상처를 "벌거벗은 것같이" 드러내지만히 4:13 깨끗하게 치유하신다.

신의 언어는 숨이 멎은 영혼을 살려 내는 전기 충격기 같고, 부패한 영혼의 썩은 살점을 도려내는 날카로운 메스와 같다. 그래서 예수님의 가르침에는 거침이 없다. 병든 영혼을 살려 내실 때도, 거부하는 영혼을 꾸짖으실 때도 거침이 없다. 때로는 잔잔한 미풍처럼, 때로는 강력한 폭풍처럼 말씀하신다. 이것은 진리의 양날 선 검이 가진 힘이 아닌가.

사실 죽음의 문턱까지 갔던 사람이 살아서 돌아오면 증언하지 않을 수 없다. 실로암에서 눈을 뜬 사람이 바리새인들 앞에서 담대히 증언하고 요 9:15, 군대 귀신 들렸던 광인이 해방되어 온 데가볼리에 전파하고 막 5:20, 성전 미문에서 구걸하던 사람이 치유받자 걷고 뛰며 하나님을 찬송하지 않았는가 행 3:8!

치유자는 반드시 증언자가 된다. 수혜자 受惠者 는 시혜자 施惠者 가 되는 법이다. 사도 바울이 담대한 증인이 된 것도 그가 받은 은혜 때문이었다. "헬라인이나 야만인이

나 지혜 있는 자나 어리석은 자에게 다 내가 **빚진 자**라 그러므로 나는 할 수 있는 대로 로마에 있는 너희에게도 복음 전하기를 원하노라"롬 1:14-15. 죄인의 괴수딤전 1:15를 구원하시고 동역자 삼으신 그분의 은혜가 얼마나 감사했던지 그는 평생 "빚진 자"의 심정으로 복음을 전했다.

그런데 그 작은 치유의 증언 하나가 세상을 치유하는 선언이 되었다. 왜인가? 그 증언이 바로 예수에 대한 증언이기 때문이다. 우리의 모든 허물을 씻으시고, 우리의 모든 죄악을 사하시고, 우리의 모든 징계를 거두시고, 우리의 모든 질병을 치유하신사 53:5 예수 그리스도! 치유의 이름, 생명의 이름, 능력의 이름 예수 그리스도를 증거하는 증언이기 때문이다.

> 우리는 구원받는 자들에게나 망하는 자들에게나 하나님 앞에서 **그리스도의 향기**니 이 사람에게는 사망으로부터 사망에 이르는 냄새요 저 사람에게는 생명으로부터 생명에 이르는 냄새라 누가 이 일을 감당하리요 고후 2:15-16

세상이 감당하지 못할 향기는 바로 그리스도의 향기요, 음부의 권세가 이기지 못할 고백은 바로 "주는 그리스도시요"마 16:16라는 고백이다. 이 고백을 하는 순간 천국문이 열리고 지옥문이 닫힌다 마 16:19! 반대로 이 증언을 거부하는 순간 천국문은 닫히고 지옥문이 열린다. 그러니 예수의 증인 되어 그리스도의 향기가 되는 일은 행복하면서도 두려운 사명이다.

은은한 향기 하나가 온 집 안을 가득 채우고 요 12:3 작은 물결 하나가 거대한 파도가 되듯, 증언 한마디는 엄청난 영적 지진을 일으킨다. 왜 하나님께서 십계명에 "이웃에 대하여 거짓 증거하지 말라" 출 20:16 말씀하셨는가? 왜 하나님께서 영적 재건의 시대에 "너희는 이웃과 더불어 진리를 말하며 … 거짓 맹세를 좋아하지 말라" 슥 8:16-17 말씀하셨는가?

사람은 선을 보면 선을 모방하고 악을 보면 악을 모방하기 때문이다. "사랑하는 자여 악한 것을 본받지 말고 선한 것을 본받으라" 요삼 1:11. 선도 악도 엄청난 파장을 일으키고, 진리도 거짓도 엄청난 파장을 일으킨다. 그대는 진리의 파장을 일으키는 사람이 되어야 하지 않겠는가.

한 사람이 순종하지 아니함으로 많은 사람이 죄인 된 것같이 **한 사람**이 순종하심으로 많은 사람이 의인이 되리라 롬 5:19

한 영혼이 천하보다 귀한 눅 9:25 이유는, 한 영혼을 위해 주님이 죽으셨기 때문이요, 그 한 영혼이 세상을 변화시키기 때문이다. 그러므로 한 영혼에게 전파하고 권면하고 가르쳐서 골 1:28 또 하나의 증인 삼으라 딤후 2:2. 이것이 엄청난 영적 도미노를 일으킬 것이다. 바울 한 사람이 온 세상에 복음을 전했듯이, 오늘도 증인 한 사람이 온 세상을 바꿀 수 있다.

> 내 거룩한 산 모든 곳에서 해 됨도 없고 상함도 없을 것이니 이는 물이 바다를 덮음같이 **여호와를 아는 지식이 세상에 충만할 것임이니라** 사 11:9

인문 고전 탐독의 시대에 성경통독의 바람이 불고 있으니[40] 감사한 일이다. 이제 이 말씀의 씨앗을 창고에만 쌓아 두겠는가. 세상에 나가 영혼의 밭에 뿌려야 하지 않겠는가. 때로는 길가, 돌밭, 가시밭도 있겠지만 옥토에 뿌려지면 30배, 60배, 100배로 결실하리라! 첫 사람이 동산지기 되었던 창 2:15 것처럼 이제 그대는 말씀의 동산지기가 된 것이다.

> 너는 **말씀을 전파하라** 때를 얻든지 못 얻든지 항상 힘쓰라 딤후 4:2

치유의 증언 —

그대의 증언을 듣고 영혼들의 생사가 갈릴 것이며, 세상의 영적 지형도가 바뀔 것이며, 역사의 시간표가 당겨질 것이다.

"누구든지 주의 이름을 부르는 자는 구원을 받으리라"행 2:21. 그대가 주님을 증거하면, 세상이 감당하지 못할 믿음의 산 증인이 되고 히 11:38, 사탄이 두려워 떠는 하나님의 용사가 되는 것이다 삿 6:12; 엡 6:19. 이제는 사탄에게 빼앗긴 영혼들을 요 10:10 되찾아 와야 하지 않겠는가. 해방의 날이 되었다고 온 세상에 선포 사 61:2 해야 하지 않겠는가. 더 이상 원수의 거짓에 빠져 온 인류가 집단적으로 당하는 계 17:2 억울한 일을 멈추어야 하지 않겠는가.

모든 사람은 그 존재 자체로 전언자轉言者, messenger 다. 이것이 그대를 향한 하나님의 부르심롬 11:29 이요, 그대가 이 세상에 태어난 이유다.

나는 오직 진리를 증언하려고 났으며 그 때문에 세상에 왔다 요 18:37, 공동

21
두 개의 언어

내가 깨달아 주의 계명들을 배우게 하소서 시119:73

성경 안에는 두 개의 언어가 있다. 신의 언어와 인간의 언어다. 영원한 평행선일 것 같은 두 언어가 성경 안에서 만나고 있다. 사실 신의 계시가 인간의 언어를 입었다는 사실 자체가 언어의 성육신이다. 초월적 언어가 현상적 언어의 옷을 입은 것이다.

이로 인해 성경 안에서 자연과 초자연이 만나고 현실과 초현실이 만난다. 물론 평면적 관점으로 보면 모순이다. 초자연은 비과학으로 보이고 초현실은 비현실로 보이기 때문이다. 하지만 시간과 영원은 동일선상이 아니라 다른 차원이므로, 영원은 반시간적인 것이 아니라 초시간적이다. 그러므로 입체적 관점으로 보면 성경은 모순이 아니라 역설적 진리다.

"어떻게 이런 부족한 언어로 신의 계시가 주어질 수

있는가?" 반문할 수도 있다. 그렇다면 반대로 신이 완벽한 천상의 언어로 말씀하셨다면 어떠했을까? 인간이 절대자와 절대 진리를 인정하고 수용했을까? 오히려 이해 불가하고 수용 불가하다고 거부하지 않았겠는가.

"가이사에게 세금을 바치는 것이 옳으니이까"마 22:17. 이 질문은 예수님을 반민족 내지 반제국이라는 두 가지 덫에 걸려들게 만든 평면적 스펙트럼이었다. 그러나 놀랍게도 예수님은 대답하셨다. "가이사의 것은 가이사에게, 하나님의 것은 하나님께 바치라"마 22:21. 주님은 평면적 관점에 갇혀 있는 우리에게 가이사 위에 하나님이 계시다는 입체적 관점을 열어 주셨다.

피조된 세계는 육안 앞에 펼쳐진 세계요, 말씀의 세계는 영안 앞에 펼쳐진 세계다. 자연을 이성으로 감지한다면, 초자연은 영성으로 감지한다. 그러면 두 개의 세계는 어느 지점에서 만나는가? 첫째, 자연과 초자연은 작품과 작가의 관계로 만나고, 둘째, 인간과 하나님은 자녀와 아버지의 관계로 만나고, 셋째, 역사와 경륜은 운영 체제와 운영자의 관계로 만난다.

보이는 세계 뒤에 보이지 않는 하나님의 손길이 있다. 두 세계는 반대편에 떨어져 있는 것처럼 보이지만, 사실은 포개져 있다. 신의 언어는 인간의 언어를 감동하고, 인간의 언어는 신의 언어에 반응한다. 그러므로 성서는 언어의 양안 兩岸에서 진리의 메아리가 울리고 있는 현장이다.

신비한 현상이지만 당연한 현상이다. 신의 편재 遍在, omnipresence 는 다른 말로 무소부재 無所不在, ubiquity, 즉 '없는 곳이 없다'는 말이 아닌가. 초월이란 비현실이 아니라 모든 현실에 나타난 신의 충만한 임재다. 인간의 언어를 통해 나타난 신의 언어는 지상에 없는 것을 있는 것으로 고전 1:28 만든 놀라운 신의 작품이다. 다만 신을 부정하는 인간이 제한된 능력으로 유토피아 utopia, 헬. 우-토포스, '그런 곳은 없다' [41]를 건설하겠다고 하니, 이것이 오히려 모순 아닌가.

그러면 신이 선택하신 언어는 어떤 언어였는가? 신비로운 계시를 감당할 만한 탁월한 언어였는가? 아니다. 성서 히브리어는 고대 셈족이 만들어 낸 언어요, 방랑 생활을 하던 유목민 히브리인의 일상적 언어였다. 또한 성서 헬라어는 주전 500년경 아테네에서 사용되던 우아한 아티카 헬라어가 아니라 시장에서 사용되던 코이네 헬라어, 즉 통속적 헬라어였다.[42]

"하늘이 땅보다 높음같이 내 길은 너희의 길보다 높으며 내 생각은 너희의 생각보다 높음이니라" 사 55:9. 이런 고차원적인 신의 계시를 인간의 통속적 언어로 표현하다니, 신의 언어가 훼손되고 왜곡되면 어찌하는가? 그런데 놀랍게도 성경 저자들은 그런 걱정이 없이 담대하게 선포했다. 왜냐하면 성서의 원저자이신 분께도 그런 걱정이 없으셨기 때문이다.

다만 성서의 언어는 구약 시대 히브리인들의 언어요 2천 년 전 유대인들의 언어이니, 그들의 특정 문화와 역사에 국한되는 메시지가 아닌가? 하지만 무한하신 하나님이 스스로 제한적 상황에 들어오신 것은 우리와의 친밀한 관계를 위함이요, 이 구체적인particular 사랑의 관계를 보편적인universal 사랑을 위한 시작점으로 만드심이다. 그래서 성경의 모든 말씀이 우리 각 사람에게 적정성 relevancy 과 진정성sincerity 으로 다가오게 된 것이다.

마치 사람이 어느 지점에 서 있든 간에 지구의 자전과 공전을 경험하고 우주 안에 포함되어 있듯이, 신의 언어는 구체적이면서 보편적이고, 단독적exclusive 이면서 포괄적inclusive 이고, 공시적synchronic 이면서 통시적diachronic 이다.

> 능히 모든 성도와 함께 지식에 넘치는 그리스도의 사랑을 알고 그 **너비와 길이와 높이와 깊이**가 어떠함을 깨달아 하나님의 모든 충만하신 것으로 너희에게 충만하게 하시기를 구하노라 엡 3:18-19

하나님은 원론적인 이야기만 하시는 분이 아니다. 성경은 지극히 구체적인 역사와 문화의 현실 속에 개입하셔서 함께 고통하고 소통하고 구원하시는 하나님에 대한 이야기다. 하나님이 초월자인 동시에 내재자이신 것처럼, 신의 언어도 초월적인 동시에 내재적이다. 그래서 성경은 특정한 시대에 구체적인 대상에게 들려진 말씀인 동시에 모든 세대, 모든 사람에게 적용되는 말씀이다.

생각해 보라. 오순절에 사도들이 복음을 전할 때 성령님은 만민 공통어 universal language 가 아닌 모국어 native language, NIV, 행 2:8를 사용하게 하셨다. 실로 하나님은 각 사람의 개인적인 언어와 문화도 존중해 주신다. 아브람을 부르실 때에는창 12:1 갈대아 우르의 아카드어로, 어부 시몬을 부르실 때는요 1:42 당시 유대인들의 아람어로, 청년 사울을 부르실 때에는행 26:14 히브리어로 부르셨다.

이는 하나님의 눈높이 사랑이다. 다만 신이 인간의 수준을 맞춰 주셨는데, 인간이 신의 언어를 수준 낮다고 말한다면 이보다 큰 오해는 없다. 성서에서 드러나는 의미의 모호성이나 내용의 불일치는 인간 언어의 한계 때문이지 신의 언어의 한계 때문이 아니다. 그런 오해를 받을 위험 부담을 기꺼이 안고도 하나님은 인간의 언어를 소통의 통로로 선택하셨다.

하나님은 그야말로 다양한 시대에 각양각색의 사람들을 부르셔서 놀랍도록 일관된 진리의 말씀을 서술하게 하셨다. 그것은 그 사람들의 개인적 능력을 사용하신 것

인 동시에 그들에게 신비한 능력을 주어 하나님의 메시지를 전하게 하신 것이다.[43]

그러므로 성서는 인간이 창작해 낸 허구가 아니다. 물질계는 사실fact이고 성서의 세계는 허구fiction인가? 오히려 우리가 보고 있는 세상, 즉 동굴에 비친 그림자가 허상이 아닌가.[44] '허구'는 '만들어 낸 것'이라는 뜻이다. 절대자 하나님이나 천국은 뜬구름 잡는 이상론idealism 같지만, 만들어지지 않은 영원한 실체reality다. 그러나 그토록 인간이 절대시하는 물질계는 만들어진 한시적 존재요, 사라질 허상fantasy이 아닌가.

> 풀은 마르고 꽃은 시드나 우리 **하나님의 말씀은 영원히 서리라** 사 40:8

어디서도 얻을 수 없는 신의 언어를 누군가 만들어 낸 허구로 전락시키지 말라. 신의 언어는 통속화의 십자가를 지면서까지 이 땅에 왔다. 반드시 우리에게 전해야 할 메시지가 있기 때문이다.

또한 처음부터 신의 언어는 천상의 꽃길만 걸을 의도가 없었다. 성경을 읽다 보면 어떻게 이런 내용이 성경에 포함될 수 있는가 싶은 부분들이 있다. 전쟁이나 자연재해는 물론이고 가족 살해, 근친상간, 동성애, 우상 숭배,

불륜, 배신 등 인간의 적나라한 실상을 보여 주고 있다. 이는 사망 진단서를 받은 영혼들의 안치실 안으로 신의 언어가 찾아옴이다 막 5:40.

또한 신의 언어는 전혀 나긋나긋한 위로의 말만 해 줄 생각도 없다. 성경은 무서운 심판과 진노와 지옥에 대해서 수없이 경고하고 있다. 어떻게 이런 냉정한 신이 선한 신이실 수 있는가 질문하게 될 정도다. 하지만 신의 도덕적 감수성에 문제가 있는 것일까, 아니면 인간의 영적 감수성에 문제가 생긴 것일까? 절대로 가지 말라고 심판을 말씀하시는 하나님이 이상하신 것인가, 아니면 그런 심판을 알고도 돌아오지 않는 사람들이 이상한 것인가?

세상이라는 건물 속에 영혼들이 죄악의 불길에 갇혔는데도 사람들은 "평강하다"렘 6:14 말한다. 거기 있으면 죽는다고 외치는 이는 자식을 건지시려는 아버지 하나님뿐이다. "선악을 알게 하는 나무의 열매는 먹지 말라 네가 먹는 날에는 반드시 죽으리라"창 2:17. "악인아 너는 반드시 죽으리라"겔 33:8. "내가 그인 줄 믿지 아니하면 너희 죄 가운데서 죽으리라"요 8:24.

어떤 말이 쉽겠는가 막 2:9? "죽지 않는다"는 말과 "너를 죽음에서 건지겠다"는 말 중에 어느 쪽이 쉽겠는가? 암환자에게 "괜찮다"고 말하는 것과 "당신을 반드시 치료해서 살려 내겠다"는 말 중 어느 말이 쉽겠는가? 신의 언어는 정직하다. 그리고 신의 언어는 책임을 진다.

또한 성서의 내용이 너무 허황되다고 불신하는 사람도 있다. 6일 만의 창조, 홍해가 갈라지는 기적, 물 위를 걸으신 예수님, 죽은 자의 부활 같은 이야기를 어떻게 과학주의 시대에 믿겠는가. 그러나 믿을 수 없는 것인가, 믿지 않으려는 것인가? 실로암에서 눈을 뜬 맹인의 이야기를 바리새인들은 끝내 믿으려 하지 않았다 요 9장. 사실을 파헤쳐도 진리를 알 수 없는딤후 3:7 사람들이 있다. 오늘날은 현실주의realism가 앞장서서 사실reality을 왜곡하고 거부하는 시대가 아닌가.

또한 사복음서가 각기 저자와 대상이 다르다 해도 순서나 세부 내용에서 불일치하는 부분들이 있다. 이런 복음서를 어떻게 신뢰할 수 있는가? 하지만 복음서 간의 명백한 불일치야말로 유익한 불일치라[45] 하겠다! 예수님에 대해 직간접적으로 경험한 네 사람이 그 긴 이야기를 똑같이 맞췄다면 그것이 오히려 조작 아니겠는가. 반대로 이 놀라운 복음의 이야기들이 미세한 차이 외에는 조화를 이루고 있다는 점이 복음서가 진작眞作이라는 증거다.

무엇보다 성경이 온전한 신의 언어라는 고백은 성경에 나타나는 문법적, 역사적, 지리적 오류 및 번역상의 오류가 전혀 없다는 뜻이 아니다. 오히려 하나님은 오류가 많은 인간의 언어를 사용하셨다. 아니 오류가 발생할 것을 아시면서도 불완전한 언어를 동역자로 세우셨다. 그럼에도 불구하고 성서는 놀랍도록 분명하게 "하나님을 알게"엡1:17 하며, 심판과 구원의 메시지를 전달해 낸다. 그야말로 성경은 하나님의 자기 계시의 역설이다고전1:21.[46]

어느 날 주님 앞에 설 때에 "하나님, 저는 그 말이 그런 의미인 줄 몰랐어요. 저는 그저 제 나름대로 해석했을 뿐이에요" 이렇게 말할 수는 없다. 왜냐하면 신의 언어는 매우 명시적으로 반복해서 일관되게 강조하여 하나님의 사랑과 구원을 외치고 있기 때문이다.

> 내가 와서 그들에게 말하지 아니하였더라면 죄가 없었으려니와 지금은 그 죄를 **핑계할 수 없느니라** 요 15:22

이제 인간이 성경을 겸손하게 인정하고빌 2:11 진지하게 상고해야행 17:11 한다. 값없이 신의 언어를 주심은 인간이 자력으로 얻을 수 없는 값진 보물이기 때문이다. 더욱이 낮고 천한 일상의 언어로 오심은 모든 사람에게 복음을 알려 천상의 보좌로 인도하려 하심이다.

> 하나님의 지혜에 있어서는 이 세상이 자기 지혜로 하나님을 알지 못하므로 하나님께서 전도의 미련한 것으로 믿는 자들을 구원하시기를 기뻐하셨도다 고전 1:21

성서는 독자의 합리적 접근을 수용하는 열린 책이니, 그대의 지성을 활용하여 성경을 읽으라. 다만 진리를 신뢰하고 찾아가는 방법론적 회의methodological skepticism를 하라. 우리가 성서를 읽고 묵상하고 연구함은 신의 언어의 바다에 감추인 진리라는 보화를 찾아내기마 13:44 위함이다. 이제 언어의 양안에 서서 오묘한 신의 언어의 파도 속에 깊이깊이 잠겨 보라.

깊도다 하나님의 지혜와 지식의 풍성함이여 롬 11:33

22
언어의 향연

집에 가까이 왔을 때에 풍악과 춤추는 소리를 들고 눅 15:25

신의 언어는 "많은 물소리"겔 43:2; 계 14:2 같다. 마치 해변에 밀려오는 파도 소리처럼 존재의 심연을 울리는 소리계 14:2다. 그렇게 우리는 시간이 부서지는 모래 언덕에 서서 영원의 피안彼岸으로부터 밀려오는 말씀의 파도 소리를 듣고 있다.

이 많은 물소리는 우리를 영원한 아버지의 천국 잔치로 초대하는 음악이다. 마치 해안으로 파도가 연이어 부딪혀 오듯이 말씀 뒤에 또 다른 말씀이 부딪혀 온다. 말씀이 말씀을 증거롬 3:21하며, 합주와 협연을 하듯이 조화로운 소리를 만들어 낸다. 멀리서 들려오는 음악 소리 헬. 쉼포니아, symphony, 눅 15:25 [47]가 아들을 아버지 집으로 불러오듯이, 말씀의 아름다운 하모니가 우리 영혼을 더 깊은 말씀의 세계로 부른다.

사도들의 모임에서도 고백했다. "선지자들의 말씀이 이와 **일치하도다** 헬. 쉼포네오, symphonize" 행 15:15. 선지자들과 사도들이 합주를 하고, 말씀의 이 구절과 저 구절이 협연을 하며, 산천초목이 노래하고 천군천사들이 합창하며, 성서의 인물들은 노래를 부르니, 성서 전체가 웅장한 오라토리오를 만들어 내며 탕자 한 사람을 환영하는 말씀의 향연을 벌임이 아닌가!

66명의 교향악 단원이 각자의 악기를 불지만 단 한 분의 지휘에 맞춰 함께 만들어 내는 이 놀라운 언어의 교향곡을 들어 보라. 때로는 "세미한 소리" 왕상 19:12로 때로는 "폭풍우" 욥 38:1처럼 큰 소리로, 때로는 익숙한 멜로디로 때로는 난해한 연주로 들려오지만, 그 안에 울림 resonance 이 있어서 청중을 사로잡아 아름다운 선율에 몰입하게 한다.

하지만 많은 사람이 언어의 교향곡을 듣는 데 익숙하지 않다. 율법은 따분하고, 제사는 지루하고, 족보는 발음조차 어렵고, 예언은 이해도 안 된다. 이것은 언어의 불협화음 dissonance 때문이다. 죄로 인한 언어의 타락은 우리의 내면과 관계에 불협화음을 일으켰을 뿐 아니라 신의 언어와도 조화를 이루지 못하게 만들었다. 그래서 이 놀라운 언어의 화음을 듣고도 우리 내면에 아무런 울림이 없게 되었다.

그러나 이제 신의 언어가 심비에 새겨져 그 언어가 내 안에서 울리는 사람은 아버지의 집에서 풍성하게 울려 나오는 이 소리가 참으로 아름답다. 언어는 내 속에 있는 만큼 들리는 법이다. 들리는 말씀과 새겨진 말씀이 또 다른 협연을 하니 내 영혼이 기뻐 노래하게 된다.

그러면 성경 66권은 어떤 이야기를 들려주고 있는가? 결론부터 말하자면, 사람을 사랑하신 하나님의 이야기다. 성경 각 부분의 핵심 메시지를 보면 알 수 있다.

구약의 모세오경은 하나님에 대해 알려 준다. 여호와는 창조하시는 하나님 창, 구원하시는 하나님 출, 용서하시는 하나님 레, 인도하시는 하나님 민, 말씀하시는 하나님 신 이시다.

역사서 12권 또한 하나님에 대해 알려 준다. 여호와는 앞서 싸우시는 하나님 수, 위기에서 건지시는 하나님 삿, 절망에서 회복하시는 하나님 룻, 그 백성을 통치하시는 하나님 삼·왕·대, 폐허에서 재건하시는 하나님 스·느, 자기 백성을 잊지 않으시는 하나님 에 이시다.

시가서 5권은 하나님에 대해 권면한다. 하나님을 신뢰하라 욥, 하나님을 찬양하라 시, 하나님을 의지하라 잠, 하나님을 경외하라 전, 하나님을 사모하라 아.

선지서 17권은 심판하시며 구원하시는 하나님에 대해 알려 준다. 그러나 심판과 구원은 하나의 화음이다. 심

언어의 향연 —

판이 임하기 전 구원의 하나님께 돌아오라는 외침이기 때문이다.

구약 성서는 처음 시작하신 하나님 율법서, 과거 역사하신 하나님 역사서, 현재 함께하시는 하나님 시가서, 장차 구원하실 하나님 선지서을 노래하고 있다. 여호와 하나님은 창조주요, 심판주요, 동행자요, 구원자이시다. 우리 하나님과 같은 분은 없다.

> 여수룬이여 하나님 같은 이가 없도다 신 33:26
>
> 주와 같은 이가 없고 주 외에는 하나님이 없나이다
>
> 대상 17:20
>
> 여호와 우리 하나님과 같은 이가 누구리요 시 113:5
>
> 나는 하나님이라 나 같은 이가 없느니라 사 46:9

율법서가 선포하고, 역사서가 예증하고, 시가서가 고백하고, 예언서가 선포하는 것은 오직 여호와 한 분만이 참 하나님이시라는 사실이다. 그러므로 오직 유일하신 여호와를 사랑하고 신 6:4-5, 오직 여호와만을 섬기고 수 24:15, 오직 여호와의 율법을 즐거워하고 시 1:2, 오직 여호와를 앙망하라 사 40:31고 말한다.

하나님의 최대 경고는 "너는 나 외에는 다른 신들을 네게 두지 말라" 출 20:3는 말씀이며, 하나님의 최대 요구는 "너는 마음을 다하고 뜻을 다하고 힘을 다하여 네 하나님 여호와를 사랑하라"신 6:5는 말씀이다. 이 두 가지는 사실 동일한 말씀이다. 하나님은 "질투하는 하나님"출 20:5이시다. 왜냐하면 여호와는 그분의 영광을 우상들에게 나눠 줄 수 없는 절대적 주권자이시며, 우리를 향한 그분의 사랑을 타인과 공유할 수 없는 유일한 아버지이시며, 우리를 끝까지 책임지고 구원하실 오직 한 분의 구원자이시기 때문이다.

너희는 가만히 있어 **내가 하나님 됨을 알지어다**

시 46:10

신약의 복음서는 예수 그리스도에 대해 알려 준다. 왕으로 오신 예수마, 종으로 오신 예수막, 인자로 오신 예수눅, 하나님의 아들이신 예수요는 십자가에서 우리 죄를 대속막 10:45하사 우리를 구원마 1:21하신 분이다. 사중복음은 인류의 구원자 예수 그리스도에 대해서 피해 갈 수 없이 반복적으로 분명하게 알려 주고 있다.

신약의 역사서인 사도행전은 예수 그리스도를 선포한다. 성령의 임재를 경험한 사도들이 온 세상에 나가 예수는 주시요 그리스도시라고 선포했다. "이스라엘 온 집은 확실히 알지니 너희가 십자가에 못 박은 이 예수를 하

언어의 향연 —

나님이 주와 그리스도가 되게 하셨느니라"행 2:36.

서신서 21권은 예수 그리스도에 대해 두 가지로 말한다. '예수님은 구원이시다'고전 1:30라는 복음의 진리와 '예수님을 닮아 가라'빌 2:5는 실천적 윤리다. 이제는 책임감이 아니라 은혜에 감사하여 거룩을 실천하니, 복음은 율법의 완성이 되었다.

신약의 예언서인 요한계시록은 심판주이시며 구원자이신 예수님에 대해 알려 준다. 예수님은 말씀의 검과 철장으로 악인들을 심판하실 분이자, 하나님의 백성을 구원하실 분이다.

신약 성서는 예수 그리스도를 인류의 구원자복음서, 열방의 통치자역사서, 하나님 백성의 인도자서신서, 하나님 나라의 완성자예언서라고 노래하고 있다. 예수 그리스도는 창조주요, 심판주요, 동행자요, 구원자이시다. 우리 주님과 같은 분은 없다.

나로 말미암지 않고는 아버지께로 올 자가 없느니라
요 14:6
다른 이로써는 구원을 받을 수 없나니 행 4:12
오직 우리 주 예수 그리스도로 말미암아 구원을 받게
하심이라 살전 5:9
열면 닫을 사람이 없고 닫으면 열 사람이 없는 그가 이 복음서가 보여 주고, 사도행전이 확증하고, 서신서가 고백하고, 계시록이 선포하는 것은 오직 예수 그리스도만이 참 구원자이시라는 사실이다. 그러므로 오직 예수만 바라보고 마 17:8, 오직 주 예수만 믿고 행 16:31, 오직 구주 예수 그리스도의 은혜와 그를 아는 지식에서 자라 가고 벧후 3:18, 오직 주 예수만을 소망하라 계 22:20.

복음 중의 복음의 말씀이 있다. "하나님이 세상을 이처럼 사랑하사 독생자를 주셨으니 이는 그를 믿는 자마다 멸망하지 않고 영생을 얻게 하려 하심이라"요 3:16. 예수님 안에서 우리는 하나님의 사랑을 보게 된다. 구약의 하나님은 무서운 분이 아니라, 악인이 돌이켜 사는 것을 기뻐하시는 하나님겔 33:11이요, 탕자가 돌아오면 덩실덩실 춤을 추시는 하나님눅 15:25이다. 하나님의 마음이 보인다. 아들을 아는 자는 아버지를 알기 때문이다.

이제는 "거울로 보는 것같이 희미"고전 13:12 하지 않다. 주님의 얼굴을 보았기 때문이다. 이제는 "귀로 듣기만" 욥 42:5 하던 하나님이 아니시다. 우리의 눈으로 보았기 때문이다. "너희 눈이 밝아"창 3:5지리라는 뱀의 속임수에 빠져 어두워진 우리의 눈은 그동안 구약을 읽을 때도 덮여 있었다. "모세의 글을 읽을 때에 수건이 그 마음을 덮었도다"고후 3:15. 그러나 율법의 완성이시요 하나님 사랑의 증거이신 예수님으로 인해 밝히 보고 알게 되었다!

성경 66권을 통해 신의 언어는 사람과 사랑에 빠지신 하나님 이야기를 들려주고 있다. 결국 성경은 '유일하신 하나님을 알라'는 계시의 책이자 '하나님만을 사랑하라'는 계명의 책이다. 다시 말해서, 계시가 계명이다. 그분밖에 없으니 그분만을 사랑하라 한다. 한 걸음 더 나아가, 계시가 구원이다. 그분밖에 없음을 아는 것이 생명의 길이다.

"영생은 곧 유일하신 참 하나님과 그가 보내신 자 예수 그리스도를 아는 것이니이다"요 17:3. 하나님을 알고 예수 그리스도를 **아는 것**이 구원이다. 우리는 천상에서 영원토록 노래할 것이다. "구원하심이 보좌에 앉으신 우리 하나님과 어린양에게 있도다"계 7:10. 이것이 신의 언어의 메아리요, 성경이 반복하는 노래이자 천상에서도 부를 노래다. 더 나아가, 하나님을 알게 되면 하나님의 형상인 자신을 알게 되고, 하나님을 사랑하게 되면 내 이웃을 나 자신처럼 사랑하게 된다. 결국 하나님을 알고 사랑하는 것이 성경의 핵심 메시지다 마 22:36-40.

이제는 이 말씀의 노래를 부르는 사람이 되라. 사람들과 함께 말씀의 선율로 "서로 화답하며"엡 5:19 끊임없이 진리의 노래를 부르라. 설교자와 전도자와 교사도 노래하고, 회중과 초신자와 어린아이도 노래하라. 각자 음색은 달라도 우리는 모두 동일한 하나의 노래, 말씀의 노래를 부르고 있지 않은가. 화려한 언변이나 미사여구는 필요 없다고전 2:1. 성경말씀은 스스로 화음을 내고 돌림 노래를 부르며 영혼들을 감화하는 선율이기 때문이다.

반복해서 들을수록 가사가 남고 멜로디가 남아서 마음속에 울린다. 그러다가 그 울림이 마음에서 솟아나고 요 4:14, 나 자신이 그 울림 안에 깊이 잠기다 보면 겔 47:5, 어느새 그대는 이 교향악단의 단원이 되어 함께 연주하고 노래하고 있다.

> 내 영혼아 여호와를 송축하라 내 속에 있는 것들아 다
> 그의 거룩한 이름을 송축하라 시 103:1

그대여 사모하라. 에스라처럼 아볼로처럼 성경에 "능통한"스 7:6, 표준, 행 18:24 사람이 되고, 다윗처럼 말씀을 사모하고 노래하며 지휘하게 되는 인생을 꿈꾸라.

다윗은 성령의 감동을 받아 성도들에게 찬양하라고 시 134:1 할 뿐 아니라 관중석에 있던 열방과 만민에게도 일어나 "주의 앞에 예배"시 22:27 하라고 지휘한다. 그뿐인가. 천지에 있는 자연 만물에게도 하나님을 찬양하라 시 19:1, 29:5-9고 할 뿐 아니라, 심지어 천군 천사들에게도 하나님을 찬양하라고 명령한다! "너희 권능 있는 자들아 영

광과 능력을 여호와께 돌리고 돌릴지어다"시 29:1. 아니, 그는 이미 천상의 노래를 듣고 화음을 만듦이 아닌가!

> 하늘에 허다한 무리의 큰 음성 같은 것이 있어 이르되 할
> 렐루야 **구원과 영광과 능력이 우리 하나님께** 있도다
> 계 19:1

아멘!

23
언어의 전쟁

하나님은 사람이 아니시니 거짓말을 하지 않으시고 민 23:19

영적 전쟁은 언어 전쟁이다. 거짓의 아비요 8:44 가 진리의 하나님시 31:5 께 대항하지만, 하나님께서 거짓의 아비를 심판하신다. 영적 전쟁은 치열한 말싸움이다. 성경은 하나님을 알고 믿으라고 말하지만 사탄은 끊임없이 거짓말의 가라지를 뿌린다.

사탄의 역사는 미혹의 역사다. 하나님을 알지 못하게 하고, 진리에 눈뜨지 못하게 만든다. "뱀이 그 간계로 하와를 미혹한 것같이"고후 11:3. 여기서 '미혹하다'헬 엑사파타오 라는 말은 '속이다'헬 파타오 의 강조어로서 '완전히 속이다, 사기치다'라는 뜻이다. 사탄은 대담한 사기꾼이다. 천지의 가장 중요한 계시인 신神 지식을 부정하기 때문이다.

결국 사탄이 하려는 것은 하나님을 거짓 신으로 전락시키고 자신이 절대자의 자리를 찬탈하려는 것이다 사 14:13 . 이 거대한 음모에 동참하지 말라 렘 11:15 . 우상을 숭배하는 것 신 4:19, 점쟁이를 찾는 것 렘 29:8, 거짓 예언자를 따르는 것 렘 23:32, 쾌락과 물질에 빠지는 것 신 17:17, 이것은 모두 미혹의 역사일 따름이다.

성령이 밝히 말씀하시기를 후일에 어떤 사람들이 믿음에서 떠나 **미혹하는** 영과 귀신의 가르침을 따르리라 딤전 4:1

거짓을 따르는 자는 미혹의 영에 붙들리고, 진리를 따르는 이는 진리의 영에 붙들린다. "우리는 하나님께 속하였으니 하나님을 아는 자는 우리의 말을 듣고 하나님께 속하지 아니한 자는 우리의 말을 듣지 아니하나니 진리의 영과 미혹의 영을 이로써 아느니라" 요일 4:6.

영이라고 다 믿지 말라. 영들이 진리에 속했는가 분별하라 요일 4:1. 말이라고 다 믿지 말라. 그 말이 바른 교훈인가 분별하라 딤후 4:3. 지금 분별해야 함은 결국 그의 음모가 패망의 결과를 맞이하기 때문이다. 그것이 하나님이 정하신 마지막 시나리오다 계 20:10. 사탄의 거짓에 대한 하나님의 심판은 "다시는 만국을 미혹하지 못하게" 하는 것이다 계 20:3.

그런데 사탄은 패망할 것을 알면서 왜 간교를 부리는

가? 그는 처음부터 거짓으로 충만한 존재이기 때문이다 요 8:44. 여호와는 선하시며 창 1:31; 대상 16:34, 히. 토브, 여호와의 말씀 또한 선하다 왕하 20:19. 성경적 "선"히. 토브은 옳고도 좋은 것이다. 옳고 그름의 기준과 좋고 싫음의 기준이 일치하는 상태. 하나님은 옳은 것을 좋아하시고 그른 것을 싫어하신다.

그러나 사탄은 옳은 것을 싫어하고 그른 것을 좋아한다. 이것이 사탄의 영적 상태요 사탄에게 붙들린 자들의 내적 상태다. 진리의 아버지께서는 마음에 충만한 선에서 선한 언어를 내시고, 거짓의 아비는 마음에 가득한 악에서 악한 말을 낸다 눅 6:45. 그러므로 사탄은 끝까지 훼방하고 돌이키지 않을 것이다.

"너희는 뱀같이 지혜롭고 비둘기같이 순결하라"마 10:16. 왜 굳이 뱀일까? 뱀은 여호와가 하나님이심을 정확히 알고 있기 때문이다. 하나님이 선하시며 절대자이시며, 구원자이시며, 영원한 승리자이심을 원수가 가장 정확히 알고 있다. 귀신들도 예수님을 부인하지 못한다 막 5:7. 사기꾼들이 진실을 가장 잘 아는 법이다. 다만 그들은 진실을 왜곡할 뿐이다.

그대여, 신의 언어에 가감하지 말라. 하나님의 말씀에 더하는 자에게는 재앙이 더해지고 하나님의 말씀에서 제하는 자는 구원에서 제하여지리라 계 22:18-19.

결코 진리의 말씀을 희석하지 말라 살전 5:18.[48] 말씀은 희석되지 않는다. 당신 존재의 진정성이 희석될 뿐이다. 성령의 불을 끄지 말라 살전 5:19. 성령의 불은 꺼지지 않는다. 당신 영혼의 불꽃이 사그라들 뿐이다. 예언을 가볍게 여기지 말라 살전 5:20. 예언은 가벼워지지 않는다. 당신 영혼의 무게가 가벼워질 뿐이다. 선악의 기준을 없애지 말라 살전 5:21-22. 선악의 기준은 사라지지 않는다. 당신 인생의 분별력이 사라질 뿐이다.

또한 사탄은 절대자를 두려워하기에 정면 승부를 못하고, 인간을 미혹하여 신을 의심하고 두려워하게 만든다. 신과 인간 사이를 이간질하려는 계략이다. 결국 하나님의 형상인 인간을 망가뜨려 하나님을 욕되게 만든다. 그리고 자신과 함께 지옥길로 가게 만든다 계 20:15. 사탄은 자신의 거짓만 인간에게 심는 것이 아니라 자신의 두려움까지 심으려 든다. 사실 그는 "세상 임금" 요 16:11인 척하지만 "두려움의 노예"[49]일 뿐이기 때문이다.

그러므로 사탄을 무시하거나 무서워하지 말라. 그런 존재는 없다고 무시하다가 속는다. 반대로 무서워하면 늘 위협 속에 살아야 한다. 악의 세계와 악의 언어가 있음을 의식하되 강하고 담대하라. 하나님께 순복하고 약 4:7 신의 언어로 무장하라 엡 5:17. 그래야만 교묘한 유혹에도 빠지지 않고 거짓된 협박에도 당하지 않는다.

악의 언어가 말을 걸어올 때 쉽게 대꾸하지도 말고 창 3:2 혼자 묵상하지도 말라 막 2:8. 답을 모르면 하나님께 질문하고, 분명히 안다면 진리로 답하라. 신의 언어로 대응하지 않으면 인간은 언제든지 사탄의 반언어 反言語, anti-language [50]에 말려들게 된다. 왜냐하면 사탄은 하나님이 도와주실 수 없는 것을 자신이 도와줄 것처럼 속이기 때문이다.

예수님이 광야에서 40일 금식 이후에 겪으신 세 가지 시험을 보라 마 4:1-11. 전형적인 마귀의 수법이 나오고, 모범적인 예수님의 대응법이 나온다. 마귀는 제안하고 예수님은 대답하셨다. 그런데 마귀는 제안 자체가 거짓말이고 예수님은 대답 자체가 진리이시다.

첫째, 돌을 떡으로 만들라고 말했다. 이는 "육신의 정욕"을 자극함이었다. 둘째, 성전에서 뛰어내려 천사들이 받들게 하라고 말했다. 이는 "이생의 자랑"을 자극함이었다. 셋째, 자신에게 절하면 만국 영광을 주겠다고 말했다. 이는 "안목의 정욕"을 자극함이었다 요일 2:16.

그러나 마귀의 시험의 궁극적인 목적은 따로 있었다. 그가 반복해서 말한 "네가 만일 하나님의 아들이어든" 마 4:3, 6 이라는 말에 그의 속셈이 드러나 있다. 결국 그는 두 가지 사실을 부정하게 만든다. 하나님이 나를 사랑하는 아버지시라는 사실과 창 3:5 내가 하나님의 사랑받는 자녀라는 사실을 부정하게 만든다 창 3:7.

마귀는 광야와 같은 인생에서 우리에게 동일하게 시험한다. "정말 하나님이 네 아버지시라면, 그리고 네가 하나님의 자녀라면, 주린 네게 육신의 필요를 채워 주셔야 하지 않아? 추락하는 너의 인생을 보호해 주셔야 하지 않아? 십자가의 수치가 아니라 영광스런 승리를 주셔야 하지 않아? 하나님이 도와주시지 않는다면, 내가 너를 도와주마."

마귀의 말은 상황 논리상 설득력이 있다. 하지만 진리의 기준이 흔들리지 않는 한 분명히 알 수 있다. 하나님은 나의 필요를 채우시는 "여호와 이레"창 22:14 이시며, 나를 모든 환난에서 보호하시는 "여호와 살롬"삿 6:24 이시며, 나를 모든 전쟁에서 승리하게 하시는 "여호와 닛시"출 17:15 이시다. 그리고 나는 하나님이 사랑하시는 자녀요 기뻐하는 자다 마 3:17.

예수님께서는 이 진리에 대한 확신이 흔들리지 않으셨기 때문에, 이 모든 시험에 진리의 언어로 대응하셨고 승리하셨다.

기록되었으되 사람이 떡으로만 살 것이 아니요 하나님의 입으로부터 나오는 모든 말씀으로 살 것이라 하였느니라 신 8:3; 마 4:4

또 **기록되었으되** 주 너의 하나님을 시험하지 말라 하였느니라 신 6:16; 마 4:7

사탄아 물러가라 **기록되었으되** 주 너의 하나님께 경배하고 다만 그를 섬기라 하였느니라 신 6:13; 마 4:10

"하나님을 믿지 아니하는 자는 하나님을 거짓말하는 자로 만드나니"요일 5:10 하나님을 알고도 믿지 않으면, 반드시 거짓에 속는다. 왜냐하면 그것이 가장 큰 거짓이기 때문이다. 그러므로 약한 생각에 빠지지 말라. 내 인생의 결핍과 불안과 고난을 묵상하며 자기연민에 빠지지 말라 창 4:14. 그리고 자기 증명 욕구에 빠지지 말라. 물질과 성공으로, 또는 율법과 종교로 하나님이 내 편이시며 내가 하나님의 자녀라는 사실을 증명하려고 하지 말라 삼상 15:30. 왜냐하면 거짓으로 진리를 증명한다는 것 자체가 어불성설이기 때문이다.

뱀은 가장 간교하다 창 3:1. 영적 반언어와 말을 섞는 순간, 내 언어가 거짓의 언어가 되고 만다. 그러므로 "스스로 속이지 말라 하나님은 업신여김을 받지 아니하"신다갈 6:7. 자신을 속이면 동시에 하나님을 속이는 일이다. 그러나 하나님은 속지도 않으시고 속이지도 않으신다 약 1:13, 공동. 다만 스스로를 속인 첫 번째 존재는 바로 사탄이다.

오직 그대 성경적 인간이여, 진리로 자유롭게 되라 요 8:32! 거짓의 포로수용소에서 나오라. 그리고 성령의 검, 곧 하나님의 말씀을 취하라 엡 6:17! 묵상하는 전사 meditating warrior가 되라. 영적 전쟁은 영력이나 은사로 승리하는 것이 아니라 진리로 승리하는 것이다.

> 이 율법책을 네 입에서 떠나지 말게 하며 주야로 그것을 **묵상**하여 그 안에 기록된 대로 다 **지켜 행하라** 그리하면 네 길이 평탄하게 될 것이며 네가 형통하리라 수 1:8

평생 전쟁을 치러야 할 장수에게 하나님은 무기 준비나 군사 훈련을 지시하지 않으셨다. 하나님의 말씀을 주야로 묵상하라고 명령하셨다. 묵상은 고요하고 전쟁은 치열하다. 치열하게 묵상하고 평안하게 싸우라. 싸우는 기계가 되지 말고 지략이 있는 장수가 되라. 삶의 전쟁터가 소란할수록 묵상하라. 승부는 전투가 아닌 분별에서 나는 법이다.

영적 전쟁은 참과 거짓의 싸움이요 진리와 비진리의 싸움이다. 그러나 진리가 승리할 것은 빛이 어둠에 대해 승리하는 것과 같다. 아무리 어둠이 짙어도 빛이 임하는 순간 어둠은 사라진다. 결국 거짓을 행하는 자는 빛을 미

위하며 살다가 요 3:20 영원한 흑암으로 가고 유 1:13, 진리를 따르는 자는 빛 가운데 살다가 요 3:21 영원한 빛으로 가게 되리라 계 21:23.

거짓의 시대에 진리의 탐조등 search light 을 켜고 살라. 거짓의 영은 진리의 사각지대를 찾지만, 하나님의 진리에는 사각지대가 없다. 진리의 빛 가운데 거하면 어둠에 머물지 않는다 요일 1:7. 영 분별의 은사는 소수 영성가들의 전유물이 아니라 진리 안에 거하는 모든 자녀의 유산이다. 왜냐하면 신의 언어 외에 다른 참 언어는 없으며, 다른 복음도 없고 갈 1:7, 하나님과 예수님 외에 다른 구원이 없기요 17:3; 행 4:12 때문이다.

말세에 나타날 적그리스도 anti-Christ 는 새로운 원수가 아니다. 그는 본래부터 하나님을 대적하는 자요 절대자를 비방하는 자다.[51] 그는 "옛 뱀이요 마귀요 사탄"이다 계 20:2. 예나 지금이나 자신이 하나님이라고 사 14:14, 자신이 그리스도라고 마 24:5 주장한다. 바로 "아버지와 아들을 부인하는 그가 적그리스도"다 요일 2:22.

오늘날 자칭 하나님, 자칭 그리스도를 주장하는 이단에 속지 말라. 이는 언어도단 言語道斷 이요 영적 불륜 不倫 이다. 종이 임금이 되고 잠 30:22, 악이 선이 되고 사 5:20, 피조물이 조물주의 자리에 오르고 롬 1:25, 가증한 영이 하나님의 자리에 서는 것은 마 24:15 온 세상을 진동시키는 일이요 하나님이 용납하실 수 없는 일이다 잠 30:21.

영적인 언어라고 다 신의 언어가 아니다 대하 18:11. 종교적인 언어를 더욱 주의하라. 말의 씨앗은 열매를 거둔다. 거짓의 가라지를 품고 살면 풀무불에 던져지리라 마 13:42. 그러나 눈물을 흘리며 진리의 씨를 뿌리면 시 126:5 영생의 열매를 거두리라 롬 6:23.

결국 사탄은 타락으로 유인하고 성령은 거룩으로 견인하시며, 거짓은 사망의 길로 인도하고 진리는 생명의 길로 인도한다. 거짓에 속을까 봐 걱정하지 말고 진리로 무장하라. 사탄의 충동에 빠질까 봐 걱정하지 말고 성령의 감동으로 충만하라. 사람들의 말에 쉽게 흔들린다고 걱정하지 말고 하나님의 말씀에 즉각 순응하는 훈련을 하라. 우리는 이 좁은 진리의 길을 따라 천성문 앞에까지 이를 것이다.

좁은 문으로 들어가라 멸망으로 인도하는 문은 크고 그 길이 넓어 그리로 들어가는 자가 많고 생명으로 인도하는 문은 좁고 길이 협착하여 찾는 자가 적음이라

마 7:13-14

24
영원한 언어

각 나라와 족속과 백성과 방언에서 계 7:9

천성문 안에 들어서는 날 우리는 어떤 언어를 듣게 될까? 변질된 인간의 언어는 소멸되고 영원한 천상의 언어로 찬양하는 소리를 듣게 될까? 아니면 "각 나라와 족속과 백성과 방언에서" 계 7:9 온 무수히 많은 사람이 그들 각자가 지상에서 사용하던 언어로 하나님과 어린양을 찬양하는 소리를 듣게 될까?

이 썩을 것이 반드시 썩지 아니할 것을 입겠고 이 죽을 것이 죽지 아니함을 입으리로다 고전 15:53

부활의 날 우리의 썩을 몸이 썩지 않을 영광스런 부활체復活體를 입게 된다면, 망가진 인간의 언어들도 온전하고 아름다운 부활어復活語를 입게 될까? 죄인이 의로우신 주 그리스도로 옷 입는 것처럼 롬 13:14, 인간의 언어가 신의 언어로 옷 입게 되지 않을까? 그러면 만국 백성이 각자의 언어로 노래하는데 전혀 불협화음이 나지 않고 놀랍도록 아름답고 영광스러운 천상의 화음이 되어 천국 곳곳에 울려 퍼지지 않을까.

마지막 날, 인간은 신에게로, 그리고 세상은 신의 언어로 돌아가게 된다. 지금은 말씀 갖고 세상 속에 들어가 살아 보려고 노력한다면, 그날에는 시간도 공간도 세상 만물도 다 말씀의 원점으로 돌아가게 된다. 만물이 말씀대로 창조된 것처럼, 말씀대로 완성될 것이다. 이 모든 것이 신의 언어에서 나왔고, 신의 언어로 유지되고, 신의 언어로 돌아가리라 롬 11:36.

그날은 누구도 피할 수 없는 날이다. 지금 신의 언어로 하나님과 소통한다면 그날은 감격적인 재회의 날이 되리라. 그러나 지금 내 곁에 다가온 신의 언어를 외면한다면 그날은 강제 소환의 날이 되리라.

그대여, 신의 언어로 영혼의 모든 방을 채우고 인생의 모든 길목을 채우라. 성경의 여백에는 마음의 묵상과 삶의 고백을 채우고, 인생의 여백에는 말씀의 감동과 주님의 음성을 채우라. 주님이 나를 말씀의 동산으로 초대하시고, 내가 주님을 삶의 동산으로 초대하고, 절대적 진리와 개인적 고백이 동행의 길을 가는 아름다운 삶이 되라.

그가 내 안에, 내가 그 안에 거하면 요 15:5

너희가 내 안에 거하고 내 말이 너희 안에 거하면 요 15:7

주님이 내 안에 거하시고 내가 주님 안에 거하는 삶, 주의 말씀이 내 안에 새겨지고 나의 말이 주님께 소중해지는 삶, 성서가 신의 언어와 인간 언어의 놀라운 심포니요 화음이듯 내 삶 자체가 언어적 동행을 이루게 되는 삶, 이것이 상호 참여mutual participation의 삶이다. 이것은 인성이 신성 속에 흡수되지 않고 온전하게 빛나고, 신성이 인성을 외면하지 않고 보듬어 안는 상호 내주mutual indwelling[52]의 관계다.

이것을 가능하게 한 매개체가 바로 신의 언어다. 왜냐하면 신의 언어가 신과 인간의 가교 역할을 함이요, 우리를 성경과 늘 동시대 사람[53]이 되게 함이다. 성경의 시간 속에 들어가면 늘 그분이 나를 만나 주시고, 말씀이 직접 우리의 시간 속에 찾아와 우리와 동행해 준다 눅 24:15. 그러므로 신의 언어의 동산에서는 과거형, 현재형, 미래형이 모두 영원형으로 전환되는 역사, 천년이 하루가 되고 하루가 천년이 되는 하나님의 시간대time zone 속으로 들어가는 역사가 일어난다. 그대는 그 동산에서 주와 함께 걷고 웃고 이야기하는 기쁨을 누린다.

그대여, 떠나지 말라. 말씀의 동산에 머물라. 이곳은

영원한 언어 —

역사와 세상에 눈을 감은 무시간적無時間的 공간이 아니라, 역사와 세상을 품는 초시간적超時間的 공간이기 때문이다. 그대여, 돌아가자. 신의 언어의 동산에 머물자. 그래야만 인생과 세상을 바꿀 수 있는 비전과 음성을 받을 수 있지 않은가 출 19:20.

우리 시대는 계시의 총체를 보았고 결론을 보았으니, 이것은 놀라운 복이자 막중한 책임이다. 여호와만이 하나님이시라는 계시가 곧 하나님만 경배하라는 계명이 되고, 하나님과 예수님만을 아는 계시가 곧 영생의 길이 된다 엡 1:17; 요 14:7, 17:3. 선을 알고도 행하지 않으면 죄요 약 4:17, 주님을 알고도 돌아서면 나중 형편이 처음보다 심해진다 벧후 2:20.

성경 앞에 서 있는 우리는 더 이상 물러설 곳이 없다. 계시가 아직 다 드러나지 않아서 모른다 할 수 없기 때문이다. 우리는 천성문 앞 마지막 구간을 오르고 있다. 시대가 변할 때마다 문화와 문명도 변하고 사상과 법률도 변한다. 하지만 변하지 않는 사실들이 있다. 첫째, 인간이 변하지 않는다. 인간이 하나님의 형상이라는 사실과 죄로 인해 타락하여 심판 아래 있다는 사실은 변하지 않는다. 둘째, 신의 언어가 변하지 않는다. 하나님이 우리의 아버지이시라는 사실과 하나님이 우리를 오직 예수 십자가의 복음으로 구원하신다는 사실도 변하지 않는다.

그러므로 구원에 대해 불안해하지 않을 수 있음은 본래 그분이 내 아버지이시기 때문이다. 종말에 대해 두려워하지 않을 수 있음은 아버지께서 나를 영접하실 것이기 때문이다. 성서는 사랑의 서약서다. 사랑으로 약속하신 것을 믿음으로 기다리면 소망이 성취될 것이라고 말한다. 말씀으로 이루어진 첫 창조창 1:27, 그리스도 안에서 이루어진 재창조고후 5:17, 그리고 종말에 이루어질 새 창조계 21:1의 역사는 모두가 동일한 주님의 사랑의 역사다.

그날을 고대하라. 이 땅에서 "거류민과 나그네"벧전 2:11로 지낸 우리를 이제는 "왕 같은 제사장"과 "거룩한 나라"벧전 2:9로 세우지 않으셨는가. 신이 인간에게 신의 언어를 주심은 임시 체류지에서 잘 살아 보라고 주신 것이 아니다. 그것은 극히 일부에 불과하다. 이 생명의 언어를 품고 아버지 집에서 만나자고 하심이다. 오직 진리의 말씀이신 그리스도를 통해서만 아버지께 이를 수 있기 때문이다요 14:6.

그런데 그날, 구원자 그리스도는 심판주로 나타나신다. 왜인가? 구원과 심판은 말씀의 양날이기 때문이다. 그날에 우리 모두는 백보좌 심판대계 20:11에 좌정하사 "살아 있는 자와 죽은 자를 심판하실 그리스도 예수"딤후 4:1 앞에 서게 되리라. 그날 주님은 양과 염소를 가르시되마 25:32 "주여 주여" 말만 한 자가 아니라 "아버지의 뜻대로"

행한 자를 받으시리라 마 7:21.

천성에 들어가는 날, 말씀의 반석 위에 집을 세운 지혜로운 사람은 그 집이 인생의 집이 아니라 영원한 집이었음에 놀라게 되리라. 그리고 세상 어떤 향락과도 비교할 수 없는 희락 롬 14:17 을 경험하리라. 그러나 모래 위에 집을 세운 어리석은 사람은 비바람과 창수에 부서진 것이 자기 인생이 아니라 자기 영혼임에 놀라게 되리라. 그리고 십자가의 깊은 고통과 비교할 수 없는 영원한 고통 눅 16:28 에 빠지게 되리라 마 7:24-27.

여기까지 왔는데 이 마지막 구간에서, 인간의 허무한 언어와 세상의 작위적 언어의 늪에 빠져 살겠는가. 아무리 사람이 말을 먹고 음미해야 살 수 있는 존재라 할지라도, 끊임없이 우리 영혼을 허무하게 만드는 인간의 거짓 언어와 인류를 집단 환각 상태에 빠뜨리는 대중문화의 언어를 영혼의 양식으로 삼겠는가. 비인격적인 조작 manipulation 의 언어로 살지 말고, 인격적인 감동 movement 의 언어로 살아가라.

인류는 에덴동산 창 2:8 에서 나왔으나 "새 예루살렘" 계 21:2 에 입성하리라. 에덴 히. 기쁨, delight 은 순전한 희락의 낙원 아니었는가. 신의 언어는 참 희락을 잃고 인위적 향락에 빠진 인간에게 천국의 기쁨을 주시는 언어다. 예루살렘 히. 평화의 도시, city of peace 은 완전한 평화의 도성을 상징하지 않는가. 신의 언어는 영혼의 분열과 관계의 파열로 잃어버린 참 평화를 회복하는 언어다. 신의 언어를 통해 지상에서 천상의 언어를 맛보라.

> 우리가 **즐거워하고 기뻐하는 것**이 마땅하다 눅 15:32
>
> 그러나 신랑을 빼앗길 날이 이르리니 그날에는 **금식할 것이니라** 막 2:20

이 마지막 구간에서 계시의 향연이 정점에 이를 뿐 아니라, 신의 언어에 대한 박해도 정점에 이를 것이다. 다시는 "예수의 이름으로 말하지도" 못하게 하던 옛 시대의 박해처럼 행 4:17, 성서만이 오직 진리요 참된 신의 언어임을 말하지 못하게 하는 박해가 오리라. 참 예배를 드리다 순교한 아벨처럼, 참 예언을 하다 순교한 세례 요한처럼, 성서를 번역하다 순교한 윌리엄 틴데일 William Tyndale 처럼, 신의 언어를 수호하기 위해 순교해야 할 시대가 오리라.

"진리의 기둥과 터" 딤전 3:15 인 교회는 신의 언어의 보고寶庫요 증언대다. 교회의 기초가 되는 진리가 교회를 지키듯, 진리의 증거자 되는 교회가 진리를 지켜야 한다. 교회는 하나님과 사람이 만나는 자리 아닌가. 신의 언어가 인간의 언어가 된 것이 성경이요, 인간의 언어가 신의 언어가 되는 것이 기도다. 신이 인간의 눈높이로 내려오심이 말씀이요, 인간이 신의 언어를 내재화함이 기도다. 말씀이 내려오고 기도가 올라가는 교회, 살아 계신 하나님과의 소통이 막힘 없이 흐르는 교회, 천상과 지상의 하모니를 노래하는 교회가 되라.

신의 언어의 초대장을 들고 인생과 역사의 여정을 지나 천성문 앞에 서는 날, 그분이 나의 이름을 불러 주시리라 사 43:1. 주의 이름이 나의 이마에 새겨지고 계 22:4, 나의 이름이 생명책에서 호명되는 계 17:8 날, 영원한 천국의 혼인 잔치에 들어가게 되리라. 모든 불일치와 불완전과 비진리에서 해방되는 진정한 엑소더스 exodus, 출애굽 가 이루어지리라.

내가 진실로 속히 오리라 …

아멘 주 예수여 오시옵소서 계 22:20

나의 사랑하는 책 비록 해어졌으나

어머니의 무릎 위에 앉아서

재미있게 듣던 말 그때 일을 지금도

내가 잊지 않고 기억합니다

귀하고 귀하다

우리 어머니가 들려주시던

재미있게 듣던 말 이 책 중에 있으니

이 성경 심히 사랑합니다.[54]

어머님이 그토록 사랑하시던 성경책, 어머님이 그토록 사랑하신 하나님. 신앙의 유산은 영혼의 자산이 되어 오늘도 내 영혼의 풍성한 식탁이 되고 아름다운 동산이 되고 있다. 과연 내 인생을 풍요롭게 한 것은 무엇이었는가? 그동안 세상의 많은 것이 기쁨을 주었지만, 결국 내가 돌아갈 곳은 아버지 집이요, 신의 언어가 들려오는 이 낡은 성경책이었다.

몇 년 전 영화 〈일라이 The Book of Eli〉[55]를 보고 충격을 받았다. 인류 문명이 파괴된 미래에, 일라이라는 한 남자가 책 한 권을 들고 미대륙을 횡단한다. 그런데 한 마을에서 권력자 카네기라는 자가 일라이가 가진 책의 정체를 알고 빼앗으려 한다. 그 책은 바로 문명 파괴의 원흉으로 여겨져서 전부 폐기되어 버린 성경이었다. 일라이는 세상에 단 한 권 남은 이 책을 지키고자 노력하지만 결국 빼앗기고 만다. 그러나 카네기가 탈취한 책을 열어 보니 점자책이었다. 일라이는 시각장애인이었다. 그는 목적지에 도착하여 문명 회복의 꿈을 꾸며 성경을 복원한다. 지난 30년 동안 매일 점자책을 읽으며 전부 암송했었던 것이다.

성서는 인류가 갖고 있는 그 어떤 책보다 강력한 책이다. 어떻게 받아들이는가에 따라, 그리고 어떻게 사용하는가에 따라 인류를 파멸시킬 수도 있고 구원할 수도 있다. 그래서 성서에서 주장하는 진리를 위험한 사상으로 분류하는 사람들이 갈수록 늘어나고 있다. 16세기 종교개혁가들이 등장하여 사제들만 읽던 라틴어 성서를 각 나라의 모국어로 번역하기 시작하자 교황청에서 번역 성서들을 불태우고 번역자들을 처형했었다.

21세기에 인류는 인공지능 시대, 우주 시대를 꿈꾼다. 지금껏 맛보지 못했던 놀라운 문명의 발전으로 인류가 직면한 난제들을 극복할 찬란한 미래를 그려 본다. 하지만 미래가 암울한 것은 문명의 발전이 부족해서도 아니고 환경, 식량, 자원 문제들을 해결하지 못해서도 아니다. 문제는 이 세상의 운영자인 인간이 악하다는 사실에 있다. 성서는 진실을 말해 준다. 그리고 진실은 희망을 외면하지 않는다. 반면에 어설픈 희망은 진실을 외면하려 든다.

돌아가야 한다. 인간은 에덴에서 쫓겨난 것이 아니라 신에게 독립 선언을 하고 나왔기 때문이다. 기다리신다. 성서는 끊임없이 우리에게 기다리시는 그분께로 돌아오라고 손짓하고 있다. 여기에만 인류의 유일한 희망이 있기 때문이다.

그대 눈은 무엇을 바라보고 있는가? 다 담을 수도 없는 세상의 수많은 아름다움을 따라 이곳저곳을 떠돌아다니고 있는가? 그 모든 아름다움이 나온 근원의 아름다움이 여기 성서 한 권에 담겨 있다.

1820년 미국 뉴욕의 작은 마을에서 태어난 패니 크로스비 Fanny Crosby 는 출생 6주 만에 시력을 완전히 잃었다. 곧이어 아버지를 잃고 21살 홀어머니의 딸로 어렵게 자랐지만, 그녀는 우리가 잘 아는 "예수 나를 위하여" 새찬송가 144장, "인애하신 구세주여" 새찬송가 279장, "나의 갈 길 다 가도록" 새찬송가 384장, "나의 영원하신 기업" 새찬송가 435장, "예수를 나의 구주 삼고" 새찬송가 288장 의 작시자가 되었다.

한번은 누군가 그녀에게 이렇게 물었다.

"패니, 당신은 맹인이 아니기를 원하죠?"

그러자 그녀는 대답했다.

"글쎄요. 맹인이어서 좋은 점은 제가 맨 처음 볼 얼굴이 예수님의 얼굴이라는 겁니다."

누군가 그대에게 왜 세상에 눈을 감고 사느냐고 묻는다면, 그대는 무엇이라고 대답하겠는가? 성서에 눈을 뜨는 것이 세상을 바르게 보는 길이요, 주님을 바라보며 사는 것이 영혼의 눈을 뜨는 길이라고 답하지 않겠는가.

신의 언어에 눈을 뜬 그대는 세상에서 가장 지혜로운 자다. 아니 유일하게 지혜로운 자다. 세상의 지식과 지혜는 상대적이지만, 하나님을 알고 예수님을 알고 천성문에 들어가는 자는요 17:3 세상 학자와 스승과 노인의 지혜로도 얻을 수 없는 신의 지혜를 얻었기 때문이다고전 1:23-24.

지혜는 그 얻은 자에게 생명나무라 지혜를 가진 자는

복되도다잠 3:18

주

1 "들고 읽으라, 들고 읽으라"(Tolle lege, Tolle lege), 《성 어거스틴의 고백록》, 8권 12장 (29), 대한기독교서회, 1990년

2 이상준, 《그래도 너는 아름다운 청년이다》, "왜 선악과를 만드셨나요?", 두란노, 2013년, 52쪽

3 송명희 작사, 신상우 작곡

4 프랑스와 까쌩제나-트레베디, 《말씀의 불꽃》, 분도출판사, 2002년, 22쪽

5 프랑스와 까쌩제나-트레베디, 《말씀의 불꽃》, 분도출판사, 2002년, 41쪽

6 피터 젠센, 《하나님의 계시》, IVP, 2008년, 41쪽

7 유진 피터슨, 《이 책을 먹으라》, IVP, 2006년, 21쪽

8 크레이그 키너, 《IVP 성경배경주석(신약)》, IVP, 1998년, 218쪽

9 반언어란 언어학자 마이클 알렉산더 홀러데이가 처음 사용한 용어로서, 반사회적 그룹 안에서 사용되는 그들만의 언어를 의미한다.

10 캐스린 린즈쿡, 《C. S. 루이스와 기독교 세계로》, 홍성사, 2012년, 301쪽

11 로버트 쇼, 《웨스트민스터 신앙고백 해설》, 생명의말씀사, 2017년, 69-70쪽

12 피터 젠센, 《하나님의 계시》, 제7장 "성경의 권위", IVP, 2008년, 198-201쪽

13 프랜시스 콜린스가 세계 6개국 2천여 명의 과학자들을 이끌고 인간 게놈 프로젝트 총괄자로서 인간의 31억 개 유전자 서열을 모두 밝혀낸 게놈 지도의 완성을 축하하면서 빌 클린턴 대통령이 백악관 연설문을 통해 표현하도록 작성했던 내용이다. (프랜시스 콜린스, 《신의 언어》, 김영사, 2009년, 7쪽)

14 이상준, 《가인 이야기》, "놀라운 가인의 후손들", 2014년, 158-167쪽

15 프랑스와 까쌩제나-트레베디, 《말씀의 불꽃》, 분도출판사, 2002년, 42쪽

16 프랑스와 까쌩제나-트레베디, 《말씀의 불꽃》, 분도출판사, 2002년, 50쪽

17 이상규, 《에덴의 삶을 회복하는 큐티》, 2000년, 23쪽

18 이재훈, 《생각을 생각한다》, "카르마와 카리스마", 두란노, 2017년, 128-134쪽

19 존 번연, 《천로역정》, 크리스천다이제스트, 2015년, 68쪽

20 토미 테니, 《다윗의 장막》, 토기장이, 2003년, 2판, 252쪽

21 이상준, 《가인 이야기》, "최최의 도시를 세우다", 두란노, 2014년, 145-152쪽

22 이상준, 《그래도 너는 아름다운 청년이다》, "내 인생의 잇 아이템", 두란노,

2013년, 30쪽

23 데오빌로(Theophilus)는 '하나님'(Theos)과 '사랑하다'(Philos)라는 두 단어의 조합이다.

24 술람미(Shulamite)를 솔로몬(히. Shulomo)의 여성형으로 보는 견해가 있다.

25 Kirkpatrick, 새찬송가 273장, 1892년

26 이상준,《그래도 너는 아름다운 청년이다》, "왜 선악과를 만드셨나요?", 두란노, 2013년, 52-60쪽

27 파스칼,《팡세》, 샘솟는기쁨, 2014년, 205쪽

28 C. S. 루이스,《피고석의 하나님》, 홍성사, 2011년, 329쪽

29 요한복음 1장 14절의 '거하다'라는 단어의 본뜻은 '장막을 치다'라는 의미다.

30 시편 102편 27절, "주는 한결같으시고"의 히브리어 원문 직역은 "당신이 그분이시군요"(You are He)이다.

31 "나는 스스로 있는 자이니라"(출 3:14)의 히브리어 원문 직역은 "나는 나다"(I AM WHO I AM)이다.

32 헬라어 원문 직역은 "하나님 아버지의 그 비밀, 즉 그리스도의 비밀"(the mystery of God the Father, of the Christ)이다.

33 요 6:35, 8:12, 10:7, 11, 11:25, 14:6, 15:1

34 눅 23:33-34, 42-43; 요 19:26-27; 마 27:45-46; 요 19:28, 30; 눅 23:46

35 계 2:1, 8, 12, 18, 3:1, 7, 14

36 프랑스와 까쌩제나-트레베디,《말씀의 불꽃》, 분도출판사, 2002년, 46쪽

37 이 책 제17장을 참고하라.

38 이상준,《그래도 너는 아름다운 청년이다》, "내 인생의 잇 아이템", 두란노, 2013년, 32쪽

39 헨리 나우웬,《상처 입은 치유자》, 두란노, 1999년

40 이상준,《그래도 너는 아름다운 청년이다》, "내 인생의 잇 아이템", 두란노, 2013년, 34쪽

41 유토피아(ou, no+topos, place)는 토마스 모어 경이 처음 만든 말로 그리스어로 '그런 곳은 없다'는 뜻이다.

42 유진 피터슨,《이 책을 먹으라》, IVP, 2006년, 236-237쪽

43 〈생명의삶〉, 유승원, "특별하지만 어렵지 않은 책", 2018년 5월호, 178-179쪽

44 동굴에 사는 사람들이 보고 있는 것은 실체의 그림자일 뿐이라는 이데아론(플라톤,《국가》, 제7권)

45 파스칼,《팡세》, 샘솟는기쁨, 2014년, 211, 216쪽

46 피터 젠센,《하나님의 계시》, IVP, 2008년, 262쪽

47 프랑스와 까쌩제나-트레베디,《말씀의 불꽃》, 분도출판사, 2002년, 56쪽

48 오스왈드 챔버스,《주님은 나의 최고봉》, (6월 28일), 토기장이, 2008년

49 이상준,《두려움 너머의 삶》, 두란노, 2016년, 77쪽

50 이 책 제4장을 참고하라.

51 '사탄'(Satan)은 '대적자'(adversary)라는 뜻이고, '마귀'(Devil)는 '비방자'(accuser)
라는 뜻이다.

52 피터 젠센,《하나님의 계시》, IVP, 2008년, 80쪽

53 프랑스와 까쌩제나-트레베디,《말씀의 불꽃》, 분도출판사, 2002년, 116쪽

54 M. B. Williams 작시, C. D. Tillman 작곡, "나의 사랑하는 책" 새찬송가 199장

55 앨버트 & 앨런 휴스 감독, 덴젤 워싱턴 주연, 2010년